UNITÉ

EUROPÉENNE

Imprimerie L. Toinon et Cie, à Saint-Germain.

UNITÉ EUROPÉENNE

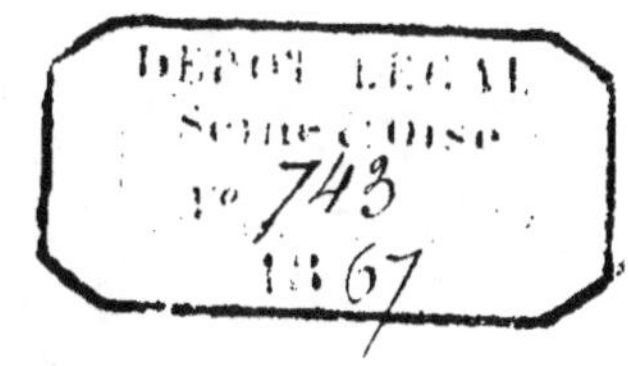

PAIX — DÉCENTRALISATION — ÉMIGRATION

POUR FAIRE SUITE A L'OUVRAGE DU MÊME AUTEUR

UNE SOLUTION

PAR

CORNÉLIUS DE BOOM

CONSUL HONORAIRE DE BELGIQUE

L'union fait la force.

PARIS
CHEZ TOUS LES LIBRAIRES

—

1867

DÉDICACE

Knowledge is power.
BACON.
Savoir c'est pouvoir.

AUX INSTITUTEURS

N'attendant le succès de mes idées que de la transformation des esprits et d'une plus large, d'une plus saine appréciation des choses, je dédie ce livre à ceux qui ont entre leurs mains la direction des intelligences.

Le droit moderne et le suffrage universel sont en train de changer la face de l'Europe ; quelque humble et quelque précaire que soit encore la position de l'instituteur, sa mission sociale est la plus haute de toutes ; c'est lui qui façonne le souverain.

Le présent échappe aux anciens dominateurs; l'avenir appartient à ceux qui enseignent.

Qu'ils me lisent, qu'ils me jugent, et dans quelque mesure que j'obtienne leur concours, ce sera pour moi la meilleure des récompenses, la seule que j'ambitionne :

Ils m'auront aidé à propager la vérité.

AVANT-PROPOS

———

Quoique les idées exposées par nous dans ce livre soient les nôtres depuis de longues années, nous n'avons point la prétention de croire qu'elles se produisent ici pour la première fois. C'est même avec bonheur que depuis quelque temps nous les voyons tantôt exhumées des anciens livres, tantôt développées par des penseurs contemporains. Notre ambition unique étant de mêler notre voix à cet utile concert, plus heureux de l'autorité qu'une bonne citation donne à nos paroles que nous ne serions fiers d'une originalité moins profitable à la cause que nous servons, nous avons reproduit dans des notes nombreuses les textes qui s'appliquaient le plus directement à notre sujet. Nous avons aussi largement puisé dans le recueil de citations fait avec une rare intelligence, inspiré du même esprit que notre livre et que publie le journal *la Liberté* en tête de chacun de ses numéros sous le titre *guerre à la guerre.*

INTRODUCTION

La situation politique de l'Europe, avant la crise allemande de 1866, était loin d'offrir des gages rassurants de stabilité. Aucun des nuages amoncelés sur son horizon depuis un demi-siècle n'avait été dissipé; aucune des questions menaçantes contenues en germes dans les traités de 1815 n'avait reçu de solution : la Pologne, la Hongrie, l'Irlande, l'Italie, l'Espagne subissaient un régime que personne n'acceptait comme définitif.

Les gouvernements eux-mêmes avaient conscience de l'impuissance de leurs combinaisons conservatrices. Lorsque Napoléon III fit la proposition d'un congrès, ce n'est ni la justesse ni l'urgence des motifs exposés par lui qui firent rejeter son initiative ; on craignit que l'examen du mal ne démontrât avec trop d'évidence ce qu'il avait d'irrémédiable, ou que la fragilité de l'édifice ne lui permît pas de supporter le moindre remaniement. A Berlin on était résolu à recourir à un plus héroïque remède. A l'impossibilité prévue d'un congrès M. de Bismark répondit par la guerre qu'il avait préparée de longue main.

Ce projet de congrès, quoiqu'il n'ait pu être réalisé, ne mérite pas moins d'être constaté. Il prouve que parmi les souverains il en est déjà qui entrevoient l'éventualité d'une solution par cette voie pacifique. Or, tout en reconnaissant ce que les intérêts et les principes monarchiques ont de contraire à un accord direct des peuples entre eux ; il est bon de prendre note de cette première tentative qui, dans d'autres temps, et sous la pression de nécessités plus urgentes, pourra être renouvelée avec plus de succès.

Nous n'avons point à entrer ici dans le détail d'événements récents qui sont encore dans toutes les mémoires, ni dans l'appréciation de résultats qui, pour la plupart, restent encore obscurs et incertains; ce que nous sommes en droit et ce que nous avons à cœur de constater c'est que le calme présent, qui succède à la crise de 1866, ne constitue pour personne un état de choses durable.

Si le programme italien, sauf toutefois la question romaine, semble plus près de sa réalisation, si la défaite et l'abaissement de l'Autriche simplifient en apparence les complications germaniques, les avantages que certaines puissances ont tirés de la guerre ne sont acceptés ni sans dépit ni sans réserves par certaines autres. L'inquiétude et la défiance ont augmenté parmi les peuples comme chez les gouvernements, et les appréhensions mutuelles se traduisent en transformation des systèmes militaires, en immenses armements, en ruineux préparatifs presque aussi funestes que la guerre elle-même *.

* Le ministère de la guerre de Belgique a fait des recherches sur ce qui se pratique à ce sujet dans les divers États de l'Europe, et voici le résumé des renseignements qu'il a recueillis sur cette question qui est partout à l'ordre du jour.

France : 480,000 fusils du système Chassepot se confectionnent dans le pays, ainsi qu'en Angleterre et en Belgique, et seront en majeure partie terminés avant le 1er mars 1868.

Prusse : Maintien du système d'armement, fusils à aiguille

On est donc autorisé plus que jamais à craindre pour la stabilité du vieil édifice européen, à en redouter l'ébranlement et à se préoccuper des moyens de salut. La carrière reste ouverte aux chercheurs de bonne volonté, et l'humble tâche que nous avons commencée en 1864 par la publication du livre intitulé *Une Solution* garde aujourd'hui son caractère d'utilité et d'urgence.

et canons rayés, qui ont tant contribué aux rapides victoires de la campagne de Bohême. Les fabriques d'armes sont toutes très-occupées à compléter l'approvisionnement des arsenaux. Onze cents canons en acier se chargeant par la culasse ont été commandés depuis la guerre.

Autriche : Transformation de 600,000 fusils, d'après le système Wanzl; 300,000 seront achevés pour la fin de l'année.

Allemagne du Sud : La Bavière, le Wurtemberg, Bade et Hesse-Darmstadt adoptent en principe le fusil chargé par la culasse, sauf à arrêter ce système, après les expériences qui se font à Munich.

Le canon du système prussien (chargement par la culasse) est préféré, et d'importantes commandes sont en cours d'exécution.

Angleterre : 150,000 fusils Enfield, déjà transformés d'après le système Snider; 350,000 armes de l'espèce seront prêtes dans le courant de l'année; on transforme 1,000 fusils par jour dans les manufactures de l'État.

Au mois d'avril, il s'ouvrira un concours pour l'essai comparatif des armes nouvelles se chargeant par la culasse.

En outre, 426 canons rayés, de divers calibres, seront faits avant la fin de l'année.

Russie : 600,000 fusils se transforment d'après le système

La persistance du péril nous fait persévérer dans notre rôle de vigie et d'avertisseur; la confirmation que les événements des dernières années sont venus donner à la plupart de nos prévisions et de nos craintes a raffermi encore nos croyances, aussi le fond de nos idées est-il resté le même, et arriverons-nous à des conclusions identiques; mais le sujet est si vaste, il se présente sous des aspects si divers, que nous avons

Carle (fusil à aiguille modifié); 300,000 seront prêts au commencement de l'année prochaine; 900 canons se chargeant par la culasse sont en préparation pour compléter l'armement des batteries de campagne.

Danemark : Les chambres ont voté plusieurs millions pour la substitution des fusils se chargeant par la culasse à l'armement actuel. Le modèle n'est pas encore arrêté.

Hollande : Transformation des fusils d'après le système Snider.

Suisse : 40,000 fusils de petit calibre sont transformés d'après le système Ampler-Milbank, et 90,000 fusils Winchester sont commandés; 200 canons se chargeant par la culasse sont fabriqués ou transformés. La Confédération dépensera dix millions de francs pour cet objet, sans compter la part contributive des cantons.

Italie, Espagne, Portugal, Grèce : Le système du chargement par la culasse y a prévalu. L'Espagne et la Grèce ont commandé des canons à l'usine de M. Krupp, à Essen (Prusse).

Quant à la *Belgique,* elle conservera le canon rayé du système prussien, qu'elle a adopté en 1864, et appliquera également aux armes portatives le système du chargement par la culasse.

encore bien des lacunes à combler, bien des démonstrations nouvelles à exposer, bien des arguments oubliés à produire. Dans notre précédent ouvrage, nous avons particulièrement étudié trois questions sur lesquelles nous faisons reposer notre *solution*, la confédération, la décentralisation et l'émigration ; nous nous attacherons plus spécialement dans ce nouveau travail à l'idée d'*unité*, si mal comprise dans les interprétations qu'on en donne et dans les applications qu'on en fait.

UNITÉ

EUROPÉENNE

L'unité de l'Europe, dans la décentralisation des États qui la composent, tel est le problème que nous nous proposons d'étudier. Ce n'est déjà plus une utopie; c'est un système qui après être resté, pendant de longues années, à l'état latent dans bien des consciences éclairées, s'est déjà formulé dans un nom que nous aurions voulu être le premier à prononcer, *États unis d'Europe*, et a provoqué dans la presse des manifestations courageuses.

Ne doit-on pas reconnaître l'influence de ces idées dans les paroles suivantes prononcées par le roi de Prusse dans son discours du 24 février 1867, lors de l'ouverture de la première session du parlement allemand : « Le projet de constitution qui doit vous être soumis n'impose à l'autonomie des États particuliers, en faveur de l'ensemble de ces États, que ces sacrifices qui sont indispensables pour protéger la paix et nous garantir la sécurité du gouvernement fédéral, ainsi que le développement du bien-être de ses populations. »

Nos efforts tendront à dégager ce système des obscurités dont il demeure enveloppé, par les calculs intéressés des uns, par les imprudentes exagérations des autres, par la timidité, l'aveuglement ou l'insouciance du plus grand nombre.

Est-il besoin d'ajouter que, malgré le radicalisme des conséquences qui en découlent, les principes que nous exposons nous sont inspirés par un sincère esprit de conservation ? Nous avons vécu dans un pays où le respect de la famille et de la propriété est aussi fortement établi dans les mœurs que dans les lois, où le sentiment religieux a trouvé dans la libre conscience son inviolable domaine *, sans être, hors de là, ni

---

* Le gouvernement ne désire pas moins que vous, messeigneurs, que l'Italie elle-même jouisse bientôt du magnifique et imposant spectacle religieux dont se félicitent aujourd'hui les libres citoyens des États-Unis d'Amérique en présence

opprimé ni oppresseur, où le culte universel de
la constitution met tous les intérêts à l'abri
des bouleversements ; ce pays c'est la grande république américaine. Frappé par le spectacle de
ses prospérités, nous en avons recherché les
causes, et c'est le résultat de cette étude que nous
venons offrir à l'Europe inquiète, troublée, et dont
l'avenir est si obscur, si menaçant.

L'unité, qui est le caractère le plus élevé et le
plus saisissant des œuvres divines, est aussi la

du concile national de Baltimore, où se discutent librement
les doctrines religieuses; et dont les décisions, approuvées
par le pape, seront proclamées et observées dans chaque
ville ou village, revêtues de toutes les sanctions spirituelles,
sans aucun exequatur ou placet.

. . . .

Aux États-Unis, tout citoyen est libre d'observer la
croyance qui lui semble meilleure, de rendre hommage à la
divinité dans les formes qui lui paraissent le plus conve-
nables. A côté de l'Église catholique s'élèvent le temple pro-
testant, la mosquée musulmane, la pagode chinoise; à côté
du clergé catholique fonctionnent le consistoire de Genève
et la congrégation méthodiste. Un tel état de choses n'engendre ni confusion ni froissement. Et pourquoi? Parce
qu'aucune religion ne demande à l'État ni protection spéciale
ni privilége; chacune vit, se développe, se pratique sous

suprême perfection dans les œuvres humaines.

L'unité est plus indispensable dans le gouvernement des peuples que partout ailleurs, car l'unité c'est l'ordre, l'harmonie et l'économie des forces ; mais cette unité qu'il ne faut pas confondre avec la centralisation arbitraire, qui a trop

l'égide de la loi commune, et la loi, également respectée par tous, garantit à tous une égale liberté.

. . . .

Remarquez, messeigneurs, la différence entre la situation de l'Église en Amérique et la situation de l'Église en Europe.

Dans ces contrées vierges, l'Église s'est établie au milieu d'une société nouvelle, mais qui apportait avec elle de la mère-patrie tous les éléments de la société civile. Représentant elle-même le plus pur et le plus sacré des éléments sociaux, ce sentiment religieux, qui sanctionne le droit, sanctifie le devoir, et réunit dans une pensée plus élevée que toutes les choses terrestres les aspirations humaines, elle n'y a cherché que le gouvernement agréable à Dieu, le gouvernement des esprits. Venue avec la liberté et grandie à son ombre, l'Église y a trouvé tout ce qui suffisait à son libre développement, au tranquille et fécond exercice de son ministère, et jamais elle n'a cherché à interdire aux autres cette liberté dont elle avait le bonheur de jouir, ni à faire à son profit exclusif des institutions qui la protégeaient.

. . . .

La liberté seule peut nous amener à cette situation heureuse que vous enviez, messeigneurs, à l'Amérique. Que l'on rende à César ce qui est à César, à Dieu ce qui est à Dieu, et la paix entre l'État et l'Église ne sera plus troublée.

(Circulaire de M. Ricasoli aux évêques Italiens.)

22 décembre 1866.

souvent prévalu dans le passé, a besoin, pour être féconde et durable, de reposer sur la justice et sur un droit incontestable.

C'est pour cela que la véritable unité ne pouvait exister qu'à dater du jour où le prestige des vieilles formules s'effaçait devant l'apparition du droit nouveau, *la souveraineté des peuples*.

L'ère sociale nouvelle commence à la promulgation du préambule de la constitution américaine, 4 juillet 1776, et à la proclamation des droits de l'homme par l'Assemblée constituante française en 1791. Depuis lors il y a eu un criterium pour la philosophie et la science gouvernementales, et un terrain solide pour l'édification des constitutions de l'avenir.

C'est à la clarté de cet esprit nouveau que nous marcherons, c'est sur cette base solide que notre unité reposera.

Essayons de la caractériser en quelques mots.

En vertu de son principe constitutif, la souveraineté de tous et de chacun, elle n'a ni nationalité ni limites. Elle peut rayonner dans un espace indéterminé, n'étant circonscrite que par le refus ou par l'adhésion des populations.

Elle est à l'abri de tout déchirement et de toute révolte, puisqu'elle est la résultante de volontés libres qui l'ont constituée.

Elle ne peut être ni une menace ni un danger pour personne, n'étant rien autre que la représentation des intérêts de tous.

Si, de cette définition abstraite, nous descendons à la réalité des choses, voici en quels termes pratiques pourrait se résumer notre programme :

L'unité européenne que nos vœux appellent est la formation d'une vaste confédération embrassant tous les États de notre continent, et laissant à chaque fraction décentralisée la libre gestion de tout ce qui ne relève pas de l'intérêt général *.

---

* L'Europe est un seul et même peuple dont les différentes nations européennes sont des provinces, et l'humanité tout entière n'est qu'une seule et même nation qui doit être régie par la loi d'une nation bien ordonnée, à savoir, la loi de justice, qui est la loi de liberté.

Si nous étions à une époque où les différentes nations de l'Europe fussent isolées entre elles, assurément il serait fort possible qu'un système parût à Londres sans avoir aucune

Sans nous appesantir plus qu'il ne convient sur la critique de l'organisation actuelle de l'Europe, il est indispensable cependant d'indiquer tout au moins ses vices les plus radicaux, ses inconvénients les plus graves. Nous laisserons de côté tout ce qui ne se rattache pas directement à notre sujet. Notre thèse étant l'Unité, il entre nécessairement dans notre programme d'exposer les maux auxquels elle a, selon nous, mission de remédier. C'est donc au point de vue de l'antagonisme des États, des calamités qu'il engendre et qu'il perpétue, que nous examinerons l'état politique de l'Europe. Il y a sans doute des considérations morales qui auraient trouvé utilement leur place à côté de nos arguments ; elles se présenteront

influence sur celui qui paraîtra plus tard à Paris ; mais, loin de là, l'Europe est UNE, profondément une au XVIIIe siècle.

(COUSIN.)

Les États voisins les uns des autres ne sont pas seulement obligés à se traiter mutuellement selon les règles de justice et de bonne foi ; ils doivent encore, pour leur sûreté particulière, autant que pour l'intérêt commun, faire une espèce de société et de république générale. . . . . .

Toutes les nations de la terre ne sont que les différentes familles d'une même république. — (FÉNELON.)

d'elles-mêmes à l'esprit du lecteur. Nous avons craint d'en compliquer notre tâche qui reste exclusivement politique.

L'antagonisme qui règne entre les divers États de l'Europe est une cause d'impuissance non-seulement pour chacun d'eux, mais pour toute initiative de l'Europe au dehors. Quelle œuvre civilisatrice de longue haleine osera entreprendre un peuple qui vit en état d'hostilité avec ses voisins ? Supposons une expédition lointaine, uniquement inspirée par des sentiments d'humanité et de progrès ou conçue dans un but de civilisation ; que le besoin de venger une insulte ou de protéger ses nationaux ait entraîné au loin les forces maritimes d'une puissance de second ordre. Survienne en Europe la moindre perturbation qui altère les relations pacifiques, provoque des défiances, ou éveille des convoitises, et la nation engagée au loin devra en toute hâte abandonner son œuvre, rappeler soldats et vaisseaux pour concentrer toutes ses forces et faire face aux éventualités européennes.

Que cette hypothèse soit une exception, nous

l'accordons, mais ce qui est la règle générale, c'est l'empêchement que rencontre dans ces éternelles rivalités la solution des questions les plus urgentes et les plus essentielles.

Si l'Europe se résigne depuis si longtemps à laisser languir ses provinces orientales sous la stérile domination de la Turquie, c'est parce qu'on s'afflige moins du dépérissement de ces territoires qu'on ne s'effraye à la pensée de leur régénération au profit d'une puissance rivale.

Après la guerre de Crimée, l'Angleterre voulait consolider les résultats de l'expédition par l'anéantissement des forces maritimes de la Russie dans la Baltique. Le cabinet britannique voyait dans cette mesure une garantie de sécurité pour de longues années. La France a craint qu'un trop grand amoindrissement de la Russie ne laissât sans contre-poids la prépondérance navale de l'Angleterre et Napoléon III se hâta de conclure la paix, annulant ainsi les résultats d'une guerre qui avait coûté tant d'hommes et tant d'argent.

Quand il s'est agi du percement de l'isthme de Suez, nous avons vu les hommes d'État les plus libéraux de la Grande-Bretagne s'opposer par tous les moyens à cette entreprise, sans dissimuler que le motif de leur opposition était la crainte de voir partager par d'autres nations le privilége des rapides communications avec les Indes. Que d'efforts et de persévérance n'a-t-il pas fallu, pour faire prévaloir l'intérêt général sur les prétentions égoïstes d'un seul peuple! Dans ses relations avec les puissauces européennes quelle influence n'exerce pas sur la politique de l'Angleterre la surveillance inquiète de ses possessions orientales!

Ne sont-ce pas de semblables sentiments de rivalité et de défiance qui maintiennent la fermeture du détroit des Dardanelles? Quelles longues négociations n'a pas nécessitées la suppression du péage du détroit du Sund et l'affranchissement de la navigation sur les fleuves internationaux! C'est seulement le 2 janvier 1867 que le canon de Manheim annonçait aux populations riveraines du Rhin, qu'à dater de ce jour la navigation du fleuve serait libre de taxes et de redevauces, pour la première fois depuis dix-neuf siècles!

Combien les exemples seraient plus nombreux, si des questions d'intérêt général nous descendions aux mesquines querelles qui paralysent souvent l'essor et les ressources de deux nations voisines !

Un des résultats de l'antagonisme qui constitue l'état actuel de l'Europe, c'est donc l'impuissance au dehors, l'inertie à l'intérieur et la stérilité de longues années perdues en manœuvres de défiance et d'observation. Ce n'est là cependant que le côté négatif de cette pernicieuse organisation et nous allons avoir bien d'autres inconvénients à signaler à mesure que nous l'examinerons sous d'autres aspects.

———

Il y a certains arguments qu'on hésite à produire, tant leur poids est écrasant, tant leur emploi est devenu banal ; nous osons espérer d'ailleurs que parmi les lecteurs auxquels notre livre s'adresse il ne s'en trouvera pas un seul à qui nous ayons besoin d'inspirer l'horreur de la guerre et qui n'espère fermement la disparition de ce fléau. Aussi, malgré de trop récents souvenirs, malgré les trop sérieuses inquiétudes qui planent sur un avenir peut-être bien rapproché, ne voulons-nous pas faire intervenir ici des considérations, au sujet desquelles l'opinion de chacun est faite.

Que le lecteur, s'il a besoin de ces calculs pour affermir ses convictions, essaye de récapituler ce qu'ont coûté de sang et d'or à l'Europe les guerres qui ont si souvent changé ses divisions territoriales, sans aboutir jamais ni à une paix équitable, ni à un équilibre accepté sincèrement. Ne sont-ce pas des questions de territoires, des rivalités de peuples exploitées par l'ambition des princes qui ont été la cause principale, sinon unique, de ces continuels désastres? L'évidence même des faits ne nous défend-elle pas d'y insister? Cependant, entre l'impuissance de la paix et les sacrifices de la guerre, il y a compte à faire de tout ce que coûte l'organisation même pacifique des quinze ou vingt monarchies, petites ou grandes, qui se partagent notre continent. Le bilan des armées permanentes a été plusieurs fois établi; nous-même, dans notre livre, *une Solution*, nous avons essayé d'évaluer la somme de forces perdues par ces millions de bras condamnés à rester improductifs. Nous étions arrivé à ce résultat que chaque travailleur valide devait subvenir aux besoins de 6,44 oisifs ou infirmes. Depuis 1864, la proportion s'est encore aggravée par l'augmentation de l'effectif des armées. Quoique nous soyons placé dans le présent ouvrage à un autre point de vue, non-seulement ces chiffres doivent être rappelés, mais encore, dans le but d'unité que nous poursuivons, nous devons ajouter à l'énumération des dépenses qui pourraient être simplifiées ou supprimées: les apanages, dotations, traitements et pensions des hauts fonctionnaires, l'improductivité de certains domaines de plaisance, l'inutilité des douanes et de la diplomatie. Qu'on raye ces chapitres du budget des nations européennes et l'on s'étonnera moins de voir la république américaine, à peine pacifiée, consacrer chaque année un milliard à l'extinction des dettes contractées pendant la dernière guerre[*],

* Le secrétaire des finances de l'Union vient de publier son rapport pour le mois de septembre 1866. Il résulte des chiffres fournis par M. Mac Culloch que la dette fédérale a diminué en septembre de 22,346,226 dollars (111,731,030 francs).

C'est au mois d'août 1865 que le passif de l'Union a atteint son point le plus haut; il était à cette époque de 2,757,253,276 dollars (13,786,266,380 fr.). En quatorze mois il a donc diminué de 184,916,354 dollars (924,581,770 fr.), soit par mois, en moyenne, de 13 millions de dollars (65 millions de francs).

La transformation de la dette flottante en dette consolidée

tandis que le suprême effort de nos plus habiles financiers, en temps de paix, ne va pas au delà d'un équilibre entre les recettes et les dépenses.

Nous pourrions charger de couleurs plus sombres encore le tableau des orages intérieurs qui semblent en ce moment s'amonceler sur l'Europe. Dans quel but cette transformation du matériel de guerre et ces innovations dans les systèmes de recrutement des armées? Les optimistes sont ceux qui espèrent pour la paix actuelle une durée d'un an. Et après cette trêve consacrée à la fabrication des fusils et des canons, à l'éducation des conscrits, la guerre! à l'est, au nord ou à l'ouest? sur le Danube ou sur le Rhin? dans la Manche ou sur le Bosphore? où et contre qui? on n'en sait rien; mais on pressent qu'on se battra; une fois encore l'Europe déchirera ses entrailles et inondera ses champs dévastés du plus jeune et du meilleur de son sang. Et quel sera le résultat de

continue d'ailleurs à s'opérer avec succès. Le chiffre de l'émission des bons du Trésor rapportant un intérêt de 7,30 0/0, qui était originairement de 830,000,000 de dollars, n'est plus maintenant que de 743,996,000 dollars, soit une diminution de plus de 86,000,000 de dollars.

(Journal *la Liberté*, 26 octobre 1866.)

tous ces désastres? Les mêmes causes produisent les mêmes effets; l'histoire du passé nous permet de prévoir l'avenir.

Le vaincu, réduit à l'impuissance, accepte momentanément la loi du vainqueur; mais pour lui la paix n'est qu'une préparation à une autre guerre. Il excite contre son ennemi les défiances ou les convoitises des nations voisines, il noue de nouvelles alliances, et quand il croit avoir mis les chances de son côté, il en appelle au sort des batailles. Dans l'organisation passée et présente de l'Europe, n'est-ce pas toujours cette triste réalité qui s'est substituée au rêve des équilibres?

S'il est bien établi qu'un pareil état de choses a pour cause unique la nature des rapports de peuple à peuple et l'antagonisme qui en résulte; n'y a-t-il pas lieu de s'étonner que la pensée d'une organisation plus fraternelle ne se soit pas imposée depuis longtemps aux esprits comme le remède logique de ce régime anormal?

Des considérations d'un autre ordre imposent à l'Europe la nécessité de modifier son organisation politique.

L'unité lui est nécessaire pour qu'elle conserve dans le monde le rang qu'elle y occupe, depuis qu'elle est devenue l'héritière des antiques civilisations de l'Orient.

Loin de nous la pensée de méconnaître l'incontestable supériorité qui lui appartient encore dans les sciences, les lettres, les arts et l'industrie. Elle est encore le grand foyer de l'intelligence humaine. Partout où jaillit une idée féconde, partout où s'accomplit un progrès, on peut dire que c'est une émanation du génie européen. Personne n'est plus fier et plus heureux que nous de la glorieuse mission dévolue au continent où le ciel nous a fait naître ; mais c'est parce que nous voulons lui voir garder ce grand rôle, c'est parce qu'il nous en coûterait trop d'avoir à pressentir une déchéance, que nous avons été amené à examiner si cette suprématie, noble héritage de nos pères, n'est pas menacée dans un avenir plus ou moins lointain par le rapide et prodigieux développement de deux puissances dont l'existence politique date d'un siècle à peine et qui, dans l'expansion de leur vitalité, abrégent chaque jour l'espace qui les sépare encore de nous*.

Le lecteur a déjà nommé la Russie et la grande république américaine.

Les statistiques les plus autorisées donnent à la Russie une population de quatre-vingts millions d'habitants qui s'augmente annuellement d'un million d'âmes. Sans ajouter à ce calcul l'éventualité de nouvelles conquêtes, la Russie, dans un siècle, compterait donc près de deux cents millions d'habitants.

* Tandis que les anciennes populations du continent, dans leurs territoires restreints, ne s'accroissent qu'avec une certaine lenteur, la Russie et la république des États-Unis d'Amérique peuvent, avant un siècle, compter chacune cent millions d'hommes. Quoique les progrès de ces deux grands empires ne soient pas pour nous un sujet d'inquiétude, et qu'au contraire nous applaudissions à leurs généreux efforts en faveur de races opprimées, il est de l'intérêt prévoyant des nations du centre européen de ne point rester morcelées en tant d'États divers sans force et sans esprit public.

(Circulaire du ministre des affaires étrangères d'Angleterre, septembre 1866.)

Aux États-Unis, l'accroissement de la population, favorisé par le bien-être, l'esprit de famille, l'étendue et la salubrité du territoire, incessamment grossi par le flot des émigrations, est bien plus rapide encore : les chiffres par lesquels il s'est traduit dans les cinquante dernières années rendent toute prévision impossible. Quelle hypothèse peut-on hasarder en face des résultats connus? qui peut soupçonner ce que sera dans cent ans une population qui en un demi-siècle a plus que quadruplé et qui, de 5 millions en 1800 est arrivée à 35 millions en 1865 !

Ce qui ajoute à l'importance de ces chiffres, dans une appréciation comparative, c'est que l'Europe est, relativement à ces deux États, dans une situation doublement critique : d'une part, l'exiguïté du sol et l'insuffisance des ressources s'opposent à un accroissement de population qui puisse balancer l'accroissement si facile et encouragé par tant de circonstances aux États-Unis et en Russie; d'autre part cet accroissement même, quelque restreint qu'il soit, et quoiqu'il accuse une notable infériorité numérique pour l'Europe, est pour elle un très-redoutable danger.

L'importation toujours croissante des céréales prouve que l'équilibre est rompu entre la production et les besoins ; or il y a peu à compter sur un accroissement continu de la population dans un pays qui ne peut suffire à son alimentation. Nous résumerons ici par deux chiffres les longs développements que nous avons donnés à ce sujet dans un précédent ouvrage. En Europe, un kilomètre carré doit suffire à tous les besoins, à toutes les évolutions, à tous les développements de 157 individus.

Un document publié en 1853, et non contesté, établissait que dans la période de 41 années qui s'étaient écoulées depuis 1812, l'insuffisance des récoltes avait coûté à la France seule une somme de 1,358,797,999 francs, pour céréales achetées à l'étranger. Les besoins n'ont fait que s'accroître depuis 1853 et il n'est pas inutile de rappeler que ce sont les blés de la mer Noire et les farines américaines qui comblent en grande partie les déficits européens.

Des conditions aussi inégales ne permettent donc pas d'espérer que la population totale de notre continent, qui est aujourd'hui, la Russie non comprise, de 220 millions d'habitants, conserve longtemps la supériorité numérique qui lui appartient encore.

————— · ·---

Mais revenons à la situation présente, et sans nous préoccuper d'une alliance chimérique entre l'empire moscovite et la république américaine, quoiqu'il en ait été beaucoup question dans ces derniers temps, examinons quelle est vis-à-vis de chacune de ces deux puissances l'attitude de l'Europe morcelée et divisée.

La succession des événements contemporains peut nous servir à apprécier avec quelle rapidité se transforment les rapports entre les États européens et les deux puissances dont il s'agit.

En 1855 une alliance est conclue entre la France, l'Angleterre et l'Italie, dans le but d'arrêter la marche des Russes qui menacent Constantinople. La prise de Sébastopol et le traité de Paris sont les conséquences de cette laborieuse expédition. Cette fois encore le péril est ajourné.

Dix ans plus tard, la France, l'Angleterre et l'Autriche se réunissent pour intervenir diplomatiquement en faveur de la Pologne soulevée ; mais les plaies de la guerre de Crimée sont déjà cicatrisées et le ministre du czar se croit assez fort pour répondre aux remontrances des trois puissances, par une note dont l'arrogance n'est point encore oubliée. L'œuvre d'absorption s'achève et l'Europe assiste impuissante à la suppression de la Pologne. En même temps la cour de Saint-Pétersbourg revient ouvertement à ses prétentions de protectorat sur les chrétiens d'Orient ; elle se prépare à réclamer l'annulation du traité de Paris ; elle a dompté le Caucase, expulsé les vaincus et transporté sur cette nouvelle frontière des populations aguerries et dévouées. Elle étend vers la Chine, par les immenses plateaux de la Tartarie, ses envahissantes relations, et des bords du fleuve Amour, où elle a organisé une importante station navale, elle surveille et domine tout un côté de l'océan Pacifique.

Et d'où viendrait l'obstacle qui pourrait s'opposer à un nouvel essor de la Russie ? L'Allemagne est en travail de transformation ; la France isolée ne songe qu'à se créer une imposante défensive ; quant à l'Angleterre, ses hommes d'État déclarent leur pays désintéressé dans la politique étrangère et n'exceptent que l'Égypte, la route de l'Inde, de cette abdication systématique.

Si nous tournons nos regards vers la république américaine, nous voyons plus évidente encore l'impuissance de l'Europe vis-à-vis d'elle. Depuis longtemps déjà l'Angleterre s'était habituée à céder dans tous les différends qui surgissaient entre elle et son ancienne colonie; la récente guerre civile au sujet de l'esclavage vint offrir une occasion, qui ne se représentera probablement plus, de rétablir la prépondérance européenne sur l'autre rive de l'Atlantique. La France et l'Angleterre reculèrent cependant devant les périls d'une aussi grosse aventure. Nous sommes loin de regretter leur prudente détermination, mais peut être eût-il mieux valu, dans ce cas, dissimuler plus adroitement les sentiments intimes dont on était animé à Londres et à Paris, donner une aide moins avouée et des encouragements moins sympathiques aux corsaires du Sud, ne pas commenter l'expédition du Mexique comme elle l'a été dans la lettre de Napoléon III au général Forey. Ces manifestations sourdement hostiles ne pouvaient qu'autoriser les représailles dont le Canada et le Mexique sont destinés à faire les frais.

L'Union américaine, aigrie mais non affectée par ces procédés malveillants, par ces menaces sans effets, s'est reconstituée plus puissante, mais plus hautaine et plus exigeante qu'auparavant. On avait songé à lui disputer la domination du golfe du Mexique, elle signifie durement qu'elle ne souffrira sur ses frontières qu'un gouvernement qui lui convienne. On a reconnu aux révoltés du Sud la qualité de belligérants; peu s'en faut qu'elle ne réclame déjà les mêmes priviléges pour les envahisseurs du Canada. On avait contesté et raillé ses principes de droit international, *sa doctrine de Munrôe;* elle les a maintenus dans tous ses documents officiels, au milieu des périls de la guerre civile et au plus fort de la crise. Si désormais la grande république est tentée de déroger à cette doctrine, il est fort à craindre qu'elle n'y soit amenée par le désir de supprimer à son profit son caractère de réciprocité, et que le développement des intérêts de son commerce ne la pousse, au dehors, à des interventions qu'elle n'a point voulu tolérer chez elle.

Dans ce rapide coup d'œil sur l'histoire contemporaine, nous ne voulons point exagérer la portée des faits que nous avons constatés; nous faisons la part des circonstances exceptionnelles qui mettent la Russie et la république américaine à l'abri des coups de leurs adversaires; nous savons combien la distance, les rigueurs du climat ou la protection des mers contribuent à leur invulnérabilité, mais dans la situation comparative que nous étudions, la force doit être constatée, quels que soient les éléments dont elle se compose. Aucune des deux puissances dont nous nous occupons n'est encore assez redoutable pour défier les efforts de l'Europe unie contre elle, mais chacune d'elles est déjà arrivée à ce point de ne pouvoir être menacée sérieusement que par une coalition.

C'est le péril de cet état de choses que nous avons voulu signaler en montrant, par les exemples du passé, combien il pourrait grandir si on ne fait rien pour y parer *.

En donnant la première place aux préoccupations militaires, nous avons payé tribut à des idées qui ne sont pas les notres, car nous sommes de ceux qui espèrent que la guerre décidera de moins en moins des destinées de l'avenir ; mais la situation de l'Europe nous paraîtra-t-elle beaucoup plus rassurante si nous l'examinons au point de vue du développement industriel et commercial?

———

Reconstruisons par la pensée le tableau du monde commercial tel qu'il était au siècle dernier : nous voyons les pavillons européens flotter, à peu près seuls, sur tous les points du globe où des rapports d'échange étaient établis. L'Angleterre, la Hollande, l'Espagne, la France et le Portugal tiennent par leurs colonies et par leurs flottes tous les points de relâche, tous les comptoirs, et,

* Que les monarques le veuillent ou qu'ils ne le veuillent pas, l'Union européenne sera la conséquence forcée de l'Union américaine.

Sans peut-être qu'elle s'en rende compte, la Prusse, en voie d'unification de l'Allemagne, ne fait qu'obéir à cette loi de transformation.   (ÉMILE DE GIRARDIN, la Liberté).

quand une terre nouvelle est découverte par un
de leurs navires, il suffit au moindre officier d'y
planter sa bannière et de rédiger un procès-verbal,
pour que la possession en soit assurée au souverain qu'il représente. L'inventaire de ces conquêtes serait un cours de géographie rétrospective
que nous ne voulons pas infliger à nos lecteurs;
c'est une date seulement que nous avons voulu
offrir à leur esprit comme texte de réflexions com-
paratives.

Rapprochons-nous de l'époque actuelle : quel
était l'état de choses dans la première moitié de
ce siècle? L'Espagne , le Portugal et la France
avaient subi des pertes sensibles dans leurs possessions au delà des mers, mais tout espoir de re-
vanche ne semblait pas encore perdu; la Hollande
avait recouvré le riche territoire de Java, et elle
conservait le monopole du commerce avec la Co-
chinchine et le Japon. Quant à l'Angleterre, si
elle avait été obligée de se résigner à l'émancipation de celles de ses colonies qui avaient formé
les États-Unis d'Amérique, les riches compensa-

tions que les traités de 1815 lui avaient attribuées et l'abaissement de toutes les marines rivales lui permettaient de représenter, à elle seule, et avec un grand éclat, la suprématie européenne, sur toutes les mers du globe. Pendant cette période, l'Europe, par l'Angleterre, est encore la souveraine du commerce et de la navigation.

Cette souveraineté est-elle aussi incontestable aujourd'hui?

Les statistiques nous démontreront sans doute que depuis cinquante ans, le mouvement commercial et l'importance de la navigation sont loin d'avoir décru en Angleterre; on nous produira de gros chiffres contre lesquels nous n'avons nullement l'intention de protester. Ce n'est pas seulement Londres et Liverpool qui pourront, selon l'expression consacrée, justifier d'une prospérité croissante; Marseille, le Havre, Rotterdam, Hambourg, Cadix même et Lisbonne seraient aussi en mesure de prouver, par documents officiels, une augmentation notable dans le chiffre de leurs importations et de leurs exportations. Mais ce n'est pas dans ces termes que la question se pose pour nous en ce moment. A côté du progrès absolu, il y a le progrès relatif; et c'est de ce dernier que nous nous préoccupons.

L'Angleterre, la France et les autres nations européennes ont des navires plus nombreux que jamais sur toutes les mers du globe, mais ces navires n'y sont plus seuls et ils y rencontrent, en nombre d'année en année plus considérable, les navires des nations rivales. Partout un comptoir étranger s'établit à côté d'un comptoir européen. Les traités de commerce, même après une victoire, ne se rédigent plus au profit exclusif du vainqueur. Non-seulement on ne fonde plus de colonies de par le droit de conquête, mais un souffle d'émancipation s'est répandu même sur celles qui ne sont point encore affranchies.

L'Australie, le Cap, le Canada ne sont plus rattachés à l'Angleterre que par des constitutions librement acceptées. La domination maintenue plus étroite aux Indes orientales essuyait, il y a quelques années, un rude assaut qui ne sera peut-être pas le dernier. La reine des Antilles, Cuba, ne tient plus à sa métropole que par des liens bien fragiles ; hier enfin, l'Espagne apprenait au Chili et au Pérou combien sont loin les temps où un ordre parti de Madrid rencontrait une égale soumission dans les deux hémisphères.

Il faut le reconnaître, le monde échappe à la domination européenne. Ce que nous avons en face de nous, ce ne sont plus ces races orientales dont la séve est épuisée, et dont la régénération est si problématique, ni ces tribus sauvages qui s'éteindront dans leur enfance avant d'arriver à la virilité ; il nous faut compter désormais avec deux rivaux, de notre sang, pleins de jeunesse, d'ardeur et d'ambition, placés dans les conditions les plus favorables à un prompt et vaste développement, armés de notre propre civilisation, et opposant tous deux, dans des systèmes différents, la force de l'unité au fractionnement qui fait notre faiblesse *.

* De l'aveu du *Courrier des États-Unis,* journal inspiré par la légation française, les progrès incessants de la république américaine sont tels que, dans trente-cinq ans, il y aura autant de disproportion entre la France et les États-Unis qu'il y en a aujourd'hui entre la Bavière et la Prusse ; en

Lorsque ces deux géants, nés d'hier, se dressent devant nous dans leurs proportions déjà si menaçantes, n'est-ce pas fermer volontairement les yeux à la lumière, et aggraver sciemment le péril que de s'épuiser en luttes intestines? Qu'on ne se méprenne pas toutefois sur le sens que nous attachons ici au mot péril : nous ne sommes ni alarmé ni attristé par les progrès dont la Russie et les États-Unis nous donnent le spectacle ; toute conquête de la civilisation nous réjouit, sur quelque point du

sorte que l'Europe, divisée, est mise en demeure de perdre l'influence qu'elle a jusqu'ici exercée, ou d'opposer à l'Union américaine l'Union européenne.

Est-ce en se ruinant en armements stériles? est-ce en entretenant des rivalités surannées que l'Europe échappera au péril qui la menace? ou bien, pour éviter ce danger, doit-elle adopter la politique économique qui fait la richesse des États-Unis?

Voilà toute la question.

La politique internationale a eu sa raison d'être, comme la politique féodale; mais, comme la politique féodale, elle doit avoir son terme. Si l'Europe ne le comprend pas en temps opportun, la logique inflexible des faits lui appliquera cruellement la maxime de l'Évangile : TOUTE MAISON DIVISÉE PÉRIRA.

Comment se fait-il qu'à une époque où les communications entre Paris et New-York sont aussi promptes, les Français de France refusent de voir ce qui paraît aussi clair, aussi évident, aussi démontré aux Français de New-York?

(Journal la Liberté, octobre 1866.)

globe que le fait s'accomplisse ; mais nous ne voudrions pas que l'humanité perdît sur un continent
ce qu'elle a gagné sur un autre. Ce que nous désirons pour tous et partout, c'est une émulation
dans le bien et un profit réciproque des exemples
utiles, quelque part qu'ils se produisent.

C'est donc uniquement sous l'inspiration de ces
sentiments que nous disons : L'heure est venue
pour l'Europe, si elle veut garder son rang dans le
monde, de concentrer ses ressources et ses efforts.
Cette concentration ne peut s'effectuer que par l'u-
nité ; la conclusion de ce chapitre, c'est qu'il y a
non-seulement utilité, mais nécessité et urgence à
entrer dans cette voie.

OBSTACLES

LE PRÉJUGÉ DES NATIONALITÉS

Tout progrès a contre lui la routine et le froissement des intérêts qu'il déplace. L'idée d'unité européenne a contre elle les préjugés des peuples et l'égoïsme des princes.

C'est contre ce double obstacle que nos efforts doivent d'abord être dirigés. Les préjugés populaires sont d'autant plus difficiles à déraciner qu'ils sont plus anciens, et à ce titre peut-il en être de plus tenace que celui des nationalités ? Quand on considère qu'il est, en quelque sorte, vieux comme le monde, que les bons instincts comme les mauvais ont contribué à ses développements, on serait tenté de céder au découragement; mais la confiance revient en songeant à toutes les causes qui ont entretenu cette erreur dans l'esprit et dans le cœur des hommes, à tous les efforts qui ont été nécessaires pour dérober la vérité aux yeux aveuglés. Il y a d'ailleurs eu dans cette question des mirages trompeurs, de sentimentales traditions et des illusions de reconnaissance pour des services rendus. C'est l'ensemble très-complexe de tous les éléments dont s'est formé ce préjugé populaire qu'il faut étudier pour se rendre compte de ce qui a fait si longtemps sa force et de ce qui doit désormais faire sa faiblesse.

L'homme est né pour vivre en société : comment n'aurait-il pas eu conscience du grand progrès qui s'était réalisé dans ses destinées, quand, après avoir passé par l'isolement de l'état de nature, par la vie nomade et patriarcale des tribus, il parvint à se constituer en corps de nation. Quel attachement ne dut-il pas ressentir pour ce groupe qui garantissait sa sécurité, celle de sa famille et qui assurait le fruit de son travail ! Par quelles profondes racines ne durent pas pénétrer jusqu'au plus intime de ses entrailles ces sentiments nouveaux de solidarité, de patriotisme !

Ne nous étonnons donc pas de la persistance de cet instinct ni des développements qu'il a pris. C'est en lui que se résume au début, sous un nom ou sous un autre, le culte de la patrie. Avec le temps il se complique d'autres souvenirs : tels groupes se sont rapprochés de tels autres pour la défense d'intérêts communs ; ceux-ci ont été associés dans la victoire, ceux-là dans la servitude ; de là des légendes, des traditions, une histoire. Des affinités de mœurs, de législation, de langage, naissent de ces hasards de la victoire ou de la défaite. Les années apportent leur ciment à ces agglomérations, et les peuplades deviennent des nations.

Dans cette esquisse rapide nous n'avons rien omis de ce qui peut expliquer un légitime sentiment de reconnaissance et sa transformation en esprit de nationalité. A quel signe maintenant reconnaîtrons-nous que ce qui a été justice et vérité

dans un temps soit devenu plus tard erreur et
préjugé?

<hr>

L'utile nous donnera la mesure du vrai.

Il a été bon que deux familles s'associassent
pour résister aux déprédations d'un mauvais voisinage. Il a été bon que d'intimes relations se
nouassent entre un certain nombre de bourgades
et de villes, pour le développement de l'industrie
et des arts, pour l'accroissement du bien-être. Il
faut enfin se féliciter que ces associations soient
devenues assez puissantes pour protéger les conquêtes de la civilisation. L'utilité de ces évolutions
en démontre la justice, et l'humanité a toute raison de payer en reconnaissance d'incontestables.
bienfaits. Mais la reconnaissance doit-elle persis-
ter quand ce qui fut un bienfait devient une
source d'afflictions? N'y a-t-il pas lieu bien plutôt
à soupçonner une déviation de principe, et la
preuve se dérobera-t-elle longtemps à qui l'aura
cherchée avec une impartialité sincère?

C'est un instinct de solidarité, un besoin de protection mutuelle qui a présidé au rapprochement des premiers groupes de la famille humaine. Ce sentiment comporte-t-il, dans son essence, les limites arbitraires dans lesquelles on a essayé de le resserrer? Le principe de sociabilité, si universel dans ses aspirations et que nous avons vu si bienfaisant dans ses premières expansions, n'est-il pas détourné de son but providentiel quand il devient un prétexte à des restrictions et à des fractionnements? L'esprit étroit qui arrête devant un fleuve ou une montagne l'essor de la fraternité humaine n'est-il pas en opposition directe avec le sentiment qui a donné naissance aux premières associations? Et le principe des nationalités qui en dérive conservera-t-il ses droits à un culte aveugle, quand après avoir été un agent de solidarité et d'union nous le voyons devenir un élément d'antagonisme et de discorde? Si maintenant nous suivons ses développements dans l'histoire, combien de fois et dans quelles proportions nous verrons un alliage impur se mêler à son essence primitive!

Comment se sont formées depuis l'antiquité jusqu'à nos jours la plupart des nationalités? La violence, la conquête, l'oppression n'ont-elles pas joué dans cette œuvre un plus grand rôle que le rapprochement des intérêts et la fusion volontaire? Ce qu'on nous donne aujourd'hui comme une règle de morale et de droit a donc été le plus souvent le résultat d'un caprice de la fortune. Si les Sarrasins n'avaient point été arrêtés par Charles Martel et les Ottomans par Sobieski, que serait-il advenu des nationalités européennes? Supposons Charles XII victorieux, ou supprimons pour la Prusse le règne du grand Frédéric, croit-on que les nationalités scandinaves et germaniques n'en eussent pas été grandement modifiées? La fragilité d'une base historique a été si bien comprise par les partisans des nationalités qu'ils ont cherché d'autres assises à leur système. Pour les uns c'est la religion, pour les autres c'est le langage, pour d'autres enfin c'est la configuration géographique qui constitue la nationalité. Mais partout les faits s'élèvent avec une

égale évidence contre chacune de ces prétentions.

Est-il besoin de rappeler que catholiques, pro-
testants et juifs vivent aujourd'hui côte à côte
dans presque tous les États de l'Europe? L'Alsace
si française compte de nombreux dissidents religieux; la catholique Bavière est loin de vouloir
abdiquer sa part de nationalité dans l'Allemagne
protestante; enfin la physionomie si originale, si
nationale de la Hollande est-elle altérée par la
diversité des cultes de ses habitants?

La langue n'est pas plus que la religion un
signe caractéristique de la nationalité. Sans parler des dialectes et des patois qui ont survécu en
tant de lieux à la constitution des États, et qui
font que, d'une province à une autre, on est souvent fort embarrassé pour se faire comprendre,
on peut citer des pays où des idiomes très-dis-
tincts sont en usage. En Belgique les documents
officiels sont publiés en flamand et en français;

en Suisse on parle trois langues, le français, l'allemand et l'italien ; les actes émanant du gouvernement central sont traduits dans les trois
langues. Nous nous contenterons de ces exemples
parce qu'ils montrent mieux que tous autres la
diversité du langage s'alliant avec le sentiment le
plus profond et le plus vivace de la nationalité.

Quant à la configuration géographique déter-
minant ce qu'on appelle les frontières naturelles ;
à l'exception des insulaires, nous ne voyons pas à
quels peuples cette règle pourrait s'appliquer. Les
chaînes de montagnes sont rares et ne peuvent
borner un territoire de tous les côtés ; les fleuves
dont on a invoqué le concours ne sont qu'une délimitation le plus souvent impuissante et toujours
factice. Leur mission est de rapprocher les populations et non pas de les diviser. L'expression de
frontières naturelles est une invention de la politique : chaque guerre, chaque traité en change la
signification.

Malgré ces raisons et d'autres encore qu'on pourrait alléguer contre le principe des nationalités, il faut reconnaître que depuis quelques années il a conquis de nombreuses adhésions, au point de s'imposer comme une espèce de dogme à la politique contemporaine. Voilà comment peut s'expliquer selon nous cette tendance de l'esprit public européen.

Les signataires des traités de 1815, œuvre de défiance contre la France et de réaction contre les idées répandues par la révolution de 1789, se préoccupèrent fort peu des convenances et des besoins des peuples. Les monarques victorieux se découpèrent une Europe à leur fantaisie. Bien des promesses faites aux jours de périls furent oubliées le lendemain du triomphe. La Pologne et l'Italie, qui avaient entrevu une ère d'affranchissement, retombèrent sous la domination étrangère ; les États allemands eux-mêmes, qui depuis Leipzig avaient combattu et vaincu Napoléon au nom de la liberté et des intérêts de la grande patrie germanique, subirent,

par l'organisation de la diète de Francfort, la restauration d'un système de morcellement, de division et d'impuissance contre lequel protestait leur
fierté nationale aussi bien que leur conscience des
besoins nouveaux. Le malaise général, résultat
nécessaire de ce faux équilibre, attira l'attention
sur les causes qui l'avaient produit et qui l'entre-
tenaient. L'insurrection de la Belgique et de la
Grèce, les révoltes de la Pologne, les conspirations
italiennes, la guerre de Hongrie étaient, sous des
formes et avec des fortunes diverses, les manifestations d'un même sentiment. Partout c'était un
peuple revendiquant ses droits et luttant contre la
domination étrangère. Le malheur rattachait plus
étroitement les opprimés à leur patrie, mais la
formule de revendication n'était point encore
trouvée; le dogme politique des nationalités ne
devait se poser que plus tard. Son apparition
dans le langage officiel date seulement du second
empire. Napoléon III, en montant sur le trône,
avait deux ennemis en Europe, la révolution et la
Sainte-Alliance. Les événements de 1848 et de 1849
avaient prouvé quelle puissante solidarité tend à
s'établir entre les peuples. Quel coin de l'Europe

n'avait point tressailli de la commotion parisienne! Le meilleur moyen de dompter cet esprit révolutionnaire toujours vaincu, mais toujours renaissant, n'était-ce pas de lui donner un dérivatif et une apparence de satisfaction? Et le triomphe de la politique napoléonienne ne devenait-il pas complet si en désarmant un ennemi on enchaînait l'autre? Le principe des nationalités, si on parvenait à le faire accepter par les souverains comme par les peuples, ne ruinait-il pas de fond en comble le système de la Sainte-Alliance?

C'est au développement de ce plan que nous avons assisté dans ces dernières années. Éclairés par la connaissance des causes premières, nous découvrirons, dans les résultats obtenus, la trace de la double inspiration qui a conduit les événements, l'instinct des peuples et la politique des rois.

———

Rien de plus légitime dans son principe que les aspirations d'une nation à son indépendance et à sa sécurité. L'Italie ouverte à toutes les invasions, depuis des siècles, n'a point eu peine à reconnaître que pour se défendre il faut être fort et que c'est sa division qui a toujours fait sa faiblesse. A Naples comme à Turin, à Palerme comme à Florence, les intérêts sont identiques, et l'intérêt qui domine tous les autres c'est de s'appartenir, c'est de prendre la place à laquelle on a droit dans la grande famille européenne. L'Allemagne, cette agglomération compacte de 45 millions d'individus assise au centre de l'Europe; l'égale, par son génie, par son courage, par sa civilisation, des nations les mieux douées, l'Allemagne est condamnée à l'impuissance par son morcellement en cinquante États, par le dualisme de l'Autriche et de la Prusse. Son industrie et son commerce sont paralysés par la multiplicité des entraves douanières, par la diversité des monnaies; son nom même n'est plus qu'une réminiscence historique, c'est comme Badois, Hessois, ou Hanovrien que l'Allemand est classé parmi les peuples. Comment s'étonner des protestations soulevées par un semblable régime et de l'empressement que devait trouver dans toutes les populations germaniques le réformateur, quel qu'il fût, qui promettrait de reconstituer la grande patrie *?

Nous retrouvons donc ici, dans des agglomérations considérables, cet instinct de conservation, ce besoin de sécurité, ces aspirations au développement du bien-être qui ont rapproché les premiers groupes sociaux. Ce qui a été juste et légitime au début, l'est encore, quoique les proportions des faits ne soient plus les mêmes. L'esprit de nationalité n'est ici qu'un développement du sentiment humanitaire de sociabilité. Qu'on l'étudie dans son origine comme dans ses tendances et on ne

* Autrefois, puissant, grand, respecté, parce qu'il était uni et gouverné par des mains fortes, L'EMPIRE ALLEMAND est tombé, non sans qu'il y ait eu faute de la part de son chef et de ses membres dans le morcellement et dans l'impuissance. Privée de son influence dans les conseils de l'Europe et de son action sur ses propres destinées, l'Allemagne est devenue l'arène des puissances étrangères pour lesquelles elle a versé le sang de ses enfants, fourni les champs de bataille et le prix des combats. Mais jamais le peuple allemand n'a cessé d'aspirer aux biens qu'il avait perdus, et l'histoire de notre temps est pleine de son désir de RECONQUÉRIR A L'ALLEMAGNE ET AU PEUPLE ALLEMAND LA GRANDEUR DE SON PASSÉ. (Discours du roi de Prusse à l'ouverture du Parlement fédéral, 24 février 1867.)

trouvera en lui rien d'agressif ni d'exclusif. Est-ce que, chez l'Allemand ou chez l'Italien, une pensée de vengeance ou de conquête se mêlait à son désir d'affranchissement? Les convoitises politiques ne sont pas le fait des peuples* ; nous aurons occasion d'exposer dans un chapitre spécial avec quelle persévérance ils s'efforcent de réagir contre les prétextes de rivalité et les germes de haine qui dénaturent et rétrécissent leur patriotisme.

Mais que deviendrait le rôle des gouvernants si les gouvernés étaient libres de s'abandonner au penchant qui les entraîne vers une fusion pacifique! C'est donc ici qu'intervient cette autre inspiration, celle des princes, qui change en mal

---

* Je suis de ces hommes qui pensent qu'une grandeur acquise à la civilisation par une nation quelconque rejaillit sur tous les autres peuples et grandit l'homme lui-même, pourvu qu'elle ne froisse point la nationalité, cette première famille du patriotisme; je suis de ces hommes qui pensent qu'il y a assez de place, d'espace sur le globe pour tous les grands peuples; je suis de ces hommes qui pensent que la véritable rivalité, bien plus noble que la jalousie et l'envie, dans les nations, consiste à faire aussi bien, à faire mieux que les nations qu'on admire! Faire de même de son côté, faire de grandes choses, de plus grandes que nos rivaux, oui, voilà ma rivalité, à moi, la seule que je conseillerai toujours à mon pays.

(LAMARTINE.)

tout ce qu'il y avait de bien, de juste, de généreux et de fraternel dans l'inspiration des peuples.

Cette étendue de territoire, où une nation s'est
constituée, ce ne sera pas le rameau cherchant à
se rattacher au tronc commun, le membre d'une
famille aspirant au grand foyer paternel; non,
ce sera Caïn jalousant Abel. Ce peuple ne s'appartient pas, il est personnifié dans un homme, il en
a pris l'égoïsme et toutes les mauvaises passions
que l'égoïsme enfante. Il veut être puissant, plus
puissant que ses voisins. La violence ou la ruse
sont les seuls moyens de s'agrandir, on épiera
les occasions de tromper, on fera de la guerre sa
préoccupation constante, et l'art de tuer, le noble
métier des armes deviendra la première des conditions dans les sociétés monarchiques.

Cette organisation étant à peu près la même
dans tous les États de l'Europe, et les mesures les
plus habiles étant prises pour entretenir les aber-
rations morales sur lesquelles elle repose, il était
difficile qu'une pareille éducation ne portât pas
ses fruits. Un des plus funestes assurément est
l'altération que subit dans l'esprit des populations l'esprit de nationalité. N'est-il pas vivant

dans toutes les mémoires le souvenir des haines
séculaires de l'Angleterre et de la France? Combien de gens encore à l'heure présente ne se croiraient pas bons patriotes si à leur amour pour
leur pays ne se joignait un sentiment de ran-
cune et de haine pour quelque nation rivale!

Pour compléter notre démonstration, supposons réalisé le programme de la politique des nationalités, tel qu'il nous est permis de l'entrevoir
dans les vœux de ses partisans. L'Allemagne est
complétée ainsi que l'Italie ; la France a rectifié
ses frontières ; l'Espagne s'est annexé le Portugal ; la Suède, le Danemark et la Norwége ne forment plus qu'un seul État, et de tout ce qui a
échappé aux absorptions de la Russie on a fait une
grande confédération slave.

Certes, dans une semblable transformation, de
grandes satisfactions seraient données aux affinités
de races, et il ne nous en coûte pas de reconnaître
qu'un progrès considérable aurait été accompli;
mais si ces changements n'ont eu pour but ulté-
rieur et définitif l'unité, s'ils ont été l'œuvre de

l'ambition, ils auront pour unique résultat d'élargir le théâtre des luttes futures et de donner aux animosités nationales un caractère plus irréconciliable et plus acharné.

Il nous reste contre le préjugé des nationalités un dernier argument que nous empruntons à la page la plus glorieuse de l'histoire contemporaine.

Lorsque la coalition monarchique voulut étouffer en France l'esprit nouveau ; lorsque la *Convention* lança sur ses frontières menacées ses quatorze armées de volontaires, l'occasion était belle pour le gouvernement républicain de réveiller les vieilles rancunes , d'exploiter les rivalités locales et d'emprunter au passé ses armes pour le combattre; la *Convention* vit les choses de plus haut; le mot de *nationalités* ne se trouve dans aucun des documents qui émanent d'elle ; c'est au nom de l'*humanité* qu'elle affranchissait les peuples après avoir vaincu les armées des rois *. Il y a plus : aux

---

* Les hommes de l'Assemblée constituante n'étaient pas des Français, c'étaient des hommes universels. On les mé-

heures troublées du premier péril, alors que se mêle au son du tocsin ce cri lugubre : *la patrie est en danger*, le souci de la nationalité française s'efface en quelque sorte devant la volonté de défendre le sanctuaire du droit nouveau et de sauver la liberté humaine.

connaît et on les rapetisse quand on n'y voit que des prêtres, des aristocrates, des plébéiens, des sujets fidèles, des factieux ou des démagogues. Ils étaient, et ils se sentaient eux-mêmes mieux que cela : des ouvriers de Dieu, appelés par lui à restaurer la raison sociale de l'humanité et à rasseoir le droit et la justice dans l'univers.

Aucun d'eux, excepté les opposants à la Révolution, ne renfermait sa pensée dans les limites de la France.

La déclaration des Droits de l'Homme le prouve. C'était le décalogue du genre humain dans toutes les langues.

La Révolution moderne appelait les gentils comme les juifs au partage de la lumière et de la fraternité.

Aussi n'y eut-il pas un de ses apôtres qui ne proclamât la paix entre les peuples.

Mirabeau, la Fayette, Robespierre lui-même effacèrent la guerre du symbole qu'ils présentaient à la nation. Ce furent les factieux et les ambitieux qui la demandèrent plus tard ; ce ne furent pas les grands révolutionnaires.

Quand la guerre éclata, la Révolution avait dégénéré. L'Assemblée constituante se serait bien gardée de placer aux frontières de la France la borne de ses vérités, et de renfermer l'âme sympathique de la Révolution française dans un étroit patriotisme.   (LAMARTINE.)

INTÉRÊTS MONARCHIQUES

Nous avons dit que la réalisation de l'idée
d'unité devait rencontrer deux obstacles principaux, les préjugés des peuples et les intérêts des
princes. En combattant, dans ce qu'il a d'étroit,
de rétrograde et d'anti-fraternel, le sentiment
populaire des nationalités, nous avons déjà signalé
l'intervention des princes encourageant et déve-
loppant les penchants des peuples dans ce qu'ils
ont de plus opposé à la fusion unitaire; c'est
qu'en effet l'instinct monarchique a conscience du
péril que courraient les trônes si l'entente et
l'union s'établissaient entre les nations. Quel est
le but de cette image de la guerre toujours présente, sinon d'entretenir la crainte permanente

d'un ennemi toujours menaçant? Peut-on aimer un voisin contre lequel on est toujours obligé de se tenir en armes? Ce prétexte de vigilance et de protection aboutit à un double résultat, il entretient les défiances, les haines de peuple à peuple et il autorise la permanence de nombreuses armées.

S'est-on bien rendu compte des liens qui rattachent l'existence des monarchies au maintien des armées *? Leur commandement suprême est le privilége que les souverains placent avant tous les autres. L'uniforme militaire est le costume des cours ; c'est un habit de soldat que revêtent les fils des rois au sortir du berceau ; les

* La manie d'avoir des troupes, cette fureur qui, sous prétexte de prévenir les guerres, les allume; qui, en amenant le despotisme des gouvernements, prépare de loin la révolte des peuples, cette manie perdra tôt ou tard l'Europe. Hormis les empires naissants et les moments de crise, plus il y a de soldats dans un État, plus la nation s'affaiblit; et plus la nation s'affaiblit, plus on multiplie les soldats.   (RAYNAL.)

La famine, la peste et la guerre sont les trois ingrédients les plus fameux de ce bas monde... La guerre , qui les réunit tous les trois en elle , nous vient de l'imagination de trois ou quatre cents personnes répandues sur la surface de ce globe, sous le nom de princes ou de ministres.

(VOLTAIRE.)

reines elles-mêmes visitent les camps , passent des revues ; aux plus pacifiques, aux plus impotents des monarques il faut cet éclat des broderies, ce retentissement des épées.

L'exemple des princes est contagieux, et ne fût-ce que pour leur complaire, leur entourage affiche les mêmes penchants. C'est une faiblesse courtisanesque à laquelle les intelligences les plus élevées ne savent pas se soustraire.

Le jour où les troupes prussiennes victorieuses à Sadowa firent leur entrée triomphale à Berlin, le Richelieu de l'Allemagne, M. de Bismark, à qui revenait une si grande part dans l'issue de la guerre, M. de Bismark, qui dans son frac de ministre avait droit à une place à part comme organisateur et comme diplomate, préféra endosser son uniforme de colonel et défiler confondu dans le cortége à la tête d'un régiment de cuirassiers. Quel contraste avec l'attitude d'un général républicain, Grant, le pacificateur de l'Union*!

---

* Le nouvel empire mexicain ne sera jamais, quoi qu'il advienne, qu'un empire militaire. Un prince, même parfaitement assis sur son trône, aura toujours une nombreuse ar-

Quelle transformation dans l'existence des princes, si l'union des peuples et la certitude de la paix rendaient un jour la suppression des armées inévitable! Mais ce n'est pas seulement la pompe extérieure qui manquerait au prestige de la royauté, c'est l'utilité de son rôle qui s'amoindrirait. La participation de tout pays à la discussion et au rè-

mée, ne fût-ce que pour donner au monde une preuve matérielle de sa puissance; tout souverain aime à jouer au soldat. A plus forte raison Maximilien , qui n'est pas encore affermi, qui ne le sera peut-être pas de longtemps, sera-t-il obligé de conserver un grand État militaire. Si les Français se retirent, il devra s'entourer de troupes rigoureusement disciplinées, formées en grande partie de soldats de profession, et peu sympathiques à la population mexicaine.

La présence d'une semblable armée sur la frontière sud de l'Union forcerait le gouvernement américain à tenir sur pied, de son côté, par simple mesure de prudence, des forces au moins aussi considérables, et, par suite, on verrait s'inaugurer sur le continent américain ce système de menaces réciproques auquel les puissances européennes se sont condamnées au prix de si énormes dépenses, même en temps de paix profonde. Quel serait l'effet d'un tel système sur la constitution des Etats-Unis? Nul ne saurait le prévoir.

Cependant on pourrait craindre que le peuple américain n'en vînt, dans un temps donné, à se familiariser avec les procédés sommaires du militarisme, qu'il se laissât éblouir par la promptitude et l'efficacité supérieure des effets qu'on en obtient, et qu'il ne devînt plus impatient des lenteurs et

glement de ses intérêts par une députation de mandataires élus est une conquête de la liberté sur laquelle il n'y a point à revenir. Les chambres piémontaises sont devenues le parlement italien. La Prusse victorieuse remplace la diète de Francfort par un parlement fédéral issu du suffrage universel. Le gouvernement autrichien lui-même n'essaye plus de se soustraire au contrôle des diètes. Il est donc impossible d'admettre l'unité européenne

des allures plus lourdes du libre gouvernement, et plus disposé à excuser tout empiétement de pouvoir qui aboutirait à des résultats immédiats, et d'ailleurs désirables en euxmêmes.

Qui sait aussi si l'apparition dans le Nouveau monde d'une caste militaire, aidée du voisinage d'une cour princière, n'y éveillerait pas l'esprit militaire, ne pénétrerait pas la société de cet esprit, n'y introduirait pas cette distinction entre soldats et civils, si usitée en Europe, et n'amènerait pas les masses à regarder la profession des armes comme surpassant toutes les autres en dignité et en importance ? Du jour où cette idée de la supériorité relative du métier de soldat se serait généralisée au sein de la démocratie américaine, qui ne comprend qu'on serait à la veille de modifications profondes dans le mode de gouvernement?

(Discours du général Grant, 31 décembre 1865.)

Ce n'est pas la patrie qui court le plus grand danger dans la guerre, c'est la liberté. La guerre est presque toujours une dictature. Les soldats oublient les institutions pour les hommes. Les trônes tentent les ambitieux. La gloire éblouit le patriotisme. Le prestige d'un nom victorieux voile l'attentat contre la souveraineté nationale. (LAMARTINE.)

sans la constitution d'un congrès, représentation plus ou moins fidèle et complète de tous les États dont la confédération serait formée.

———

Il n'est guère permis de supposer que le pressentiment de cette nécessité politique échappe à la clairvoyance des monarques et des hommes attachés à leur fortune ; il est donc peu probable qu'ils soient disposés à encourager une réforme dont la conséquence prévue est un amoindrissement de leur autorité ; mais les événements sont souvent plus forts que les volontés. Les esprits les plus absolus sont parfois forcés de s'incliner devant l'exigence des faits. Certaines concessions deviennent obligatoires : c'est ainsi que l'octroi de constitutions, le partage du pouvoir entre le souverain et un parlement ont été maintes fois des transactions inévitables. Ainsi encore s'expliquent les alternatives de libéralisme et de compression dont la plupart des États de l'Europe nous donnent tour à tour le spectacle. Il doit en être de l'unité comme de toutes les autres réformes. Elle aura nécessairement pour adversaires ceux dont elle doit attein-

dre les priviléges ; et la monarchie qui les em-
brasse, qui les protége, qui les résume tous ne
saurait lui être sympathique. Nous sommes donc
dans la logique des choses humaines en mettant
comme obstacle l'intérêt des princes à côté des
préjugés des peuples.

Il n'en est pas moins vrai cependant que, sous la
pression d'événements imprévus, l'intérêt monarchique lui-même peut se laisser entraîner par
l'esprit des temps et devenir à son insu l'auxiliaire
du progrès. N'est-ce pas Napoléon Ier, le plus au-
toritaire des souverains modernes qui, un des premiers, a prononcé le mot d'association européenne?

En 1823, dans un de ces éclairs d'hallucination
qui illuminaient parfois son imagination mysti-
que, l'empereur de Russie Alexandre Ier disait :

« Il ne peut plus y avoir de politique anglaise,
française, russe, prussienne, autrichienne; il n'y a
plus qu'une politique générale, qui doit, pour le
salut de tous, être admise en commun par les peuples et par les rois. »

N'est-ce pas enfin le neveu de Napoléon Ier, l'héritier de ses doctrines et de son pouvoir absolu, Napoléon III qui sollicitait en 1864 la réunion d'un congrès de toutes les puissances européennes? N'est ce pas lui encore qui, le 14 février 1867, dans son discours d'ouverture des chambres, disait : « Les transformations qui ont eu lieu en Italie et en Allemagne préparent la réalisation de ce vaste programme de l'union des États de l'Europe dans une seule confédération. » Si donc il y a d'un côté opposition des monarchies à l'idée d'unité, opposition qui est la conséquence des rivalités de familles et des ambitions personnelles, opposition qui se révèle par les instincts militaires, par l'entretien d'armées permanentes et par les encouragements donnés au préjugé populaire des nationalités, il y a d'autre part un courant d'opinion qui commence à entamer les vieilles digues. Tout rassurants que soient ces symptômes recueillis dans le langage même des princes, ce n'est pas là qu'est notre principal espoir ; il est d'autres indices dont la signification ne peut manquer d'avoir déjà frappé nos lecteurs.

SIGNES PRÉCURSEURS

Quand le temps a mûri une idée, quand l'heure approche de la réalisation d'un grand progrès dans l'humanité, d'étranges phénomènes se produisent : dans le domaine intellectuel comme dans le monde des faits, tout concourt vers un but caché, en vertu de lois mystérieuses dont le sens échappe souvent aux acteurs les plus intéressés de ce drame humain. Si cette vérité historique pouvait être contestée, et si le cadre de notre travail ne nous interdisait pas des rapprochements superflus, nous trouverions de nombreux exemples de ces pronostics providentiels dans les événements qui préparèrent la chute de l'Empire romain et dans ceux qui annoncèrent la grande révolution de 1789.

Sommes-nous le jouet d'une illusion, lorsque, dans le travail des esprits et des corps, dans les aspirations des peuples, dans les productions de l'art, dans les découvertes de la science, nous retrouvons aujourd'hui tant de signes précurseurs de l'unité ?

Oui sans doute les rois augmentent le nombre de leurs soldats, perfectionnent leurs canons et leurs fusils, cuirassent leurs navires ; oui sans doute l'esprit jaloux des nationalités semble se raviver ; nous n'avons rien dissimulé de ces fâcheux présages, mais n'avons-nous rien à leur opposer et en dépit des efforts faits pour nous retenir dans les ornières du passé, ne sentons-nous pas au-dessus de nous, autour de nous un souffle plus puissant qui pousse le monde en avant et l'entraîne ? L'esprit du temps plane au-dessus des cours ; ses manifestations brisent toutes les entraves. Et sous quel aspect se révèle-t-il à nos yeux ? Respecte-t-il les frontières ? S'emprisonne-t-il dans le préjugé étroit des nationalités ? Non, son caractère distinctif c'est l'universalité.

Suivons-le dans ses inspirations les plus diverses.
Que reste-t-il des anciennes barrières entre lesquelles était comme parqué le génie de chaque
peuple? Qu'un système historique ou philosophi-
que surgisse à Munich ou à Paris, à Londres ou à
Berlin, n'entre-t-il pas dès le premier jour dans
le domaine commun de la science européenne ?
Nos académies, ces corps si exclusifs de leur nature, font chaque jour une part de plus en plus
large à l'influence des correspondants étrangers :
chaque nation se laisse pénétrer de plus en plus
par les littératures des nations voisines. Walter
Scott et Byron ont eu en France presque autant
de lecteurs qu'en Angleterre. Shakespeare, Milton,
Schiller, Gœthe, Dante, Cervantes, Molière et Cor-
neille ne sont plus seulement des illustrations nationales ; ils sont devenus les classiques de l'univers
lettré. En peinture, en musique, les nuances d'é-
cole s'effacent : Rubens a des admirateurs en Italie,
comme Raphaël en Belgique et en Hollande ; les
opéras de Rossini sont appréciés et applaudis à
Berlin et à Vienne comme ceux de Meyerbeer à
Naples et à Florence.

Il n'est pas jusqu'aux modes et aux costumes,
cette révélation des mœurs, qui ne conspirent pour
l'unité. Pendant que les rois habillent leurs soldats,
chacun selon sa fantaisie, l'adoption du frac et du
paletot se généralise de Lisbonne à Moscou, comme
une protestation contre la diversité des uniformes
et des cocardes.

Dans les relations commerciales, les tendances
à l'unité sont plus manifestes encore. Si on a pu
dire longtemps que le commerce était le lien des
nations, l'expression vraie aujourd'hui c'est qu'il
les supprime. Quelle est la place où la signature
d'un Rothschild, d'un Baring n'a pas cours comme
à Paris ou à Londres? Les capitaux n'ont plus de
patrie ; ils s'unissent de tous les points de l'Europe pour l'exécution de tous les grands travaux
d'utilité publique, soit qu'il s'agisse de percer les
Pyrénées ou les Alpes, de creuser le canal de Suez,
ou de sillonner de rails les steppes de la Russie.

Le commerce sollicite et obtient chaque jour de
nouveaux traités qui assimilent les législations et
rendent plus intimes, plus étroites les relations

des peuples entre eux. Il réclame l'équivalence des types monétaires, ainsi que l'unité des poids et mesures adoptée déjà dans plusieurs pays. La suppression des passe-ports s'est imposée en face d'une circulation toujours croissante ; le temps enfin n'est plus éloigné où la pratique du libre échange, rendant complétement inutile le cordon de douaniers qui dessine encore les frontières, ne laissera plus debout qu'un poteau bariolé, dernier indicateur d'une délimitation dérisoire.

—————

Mais c'est surtout dans les découvertes de la science que l'esprit nouveau nous apparaît avec son caractère providentiel d'unité. Les grandes conquêtes de notre siècle sont la vapeur et l'électricité. Or, en dehors de tous les services que ces deux agents sont appelés à rendre, ne semble-t-il pas que leur mission spéciale soit de rapprocher les hommes et de supprimer, avec la distance, tous les obstacles qui s'opposent à la fusion des peuples ? Les gouvernements ont pu détourner de leur destination ces instruments de civilisation et de paix ; ils s'en sont faits des auxiliaires dans leur œuvre de violence et de sang. Les wagons ont transporté les soldats sur les champs de bataille, l'étincelle électrique a transmis aux généraux l'ordre et le plan des combats. Mais c'est à la paix en définitive qu'aura profité cette usurpation de la guerre. La durée du fléau en est abrégée, et moins les guerres dureront, moins elles deviendront possibles. Non ce n'est point impunément que les pensées et les produits s'échangent avec une si merveilleuse rapidité d'un bout du monde à l'autre, grâce à l'électricité et à la vapeur ; ces communications incessantes sont autant de liens qui attachent les uns aux autres hommes et peuples ; ces fils deviendront câbles et leur solidité défiera le tranchant de toutes les épées.

Une partie de l'œuvre n'est-elle pas déjà accomplie ? Tous les congrès n'avortent pas comme ceux des souverains. Les diverses classes de la population européenne préludent par des réunions internationales aux grandes assemblées de l'avenir. Philosophes, économistes, historiens, médecins, étudiants, ouvriers, se donnent rendez-vous chaque année, d'Angleterre, de France, d'Allemagne, de Belgique, de Suisse, d'Italie dans une ville désignée à l'avance, pour y discuter non plus des questions d'intérêt national, mais des principes de religion, de politique, d'économie sociale dont la solution est cherchée au point de vue européen. Il n'y a plus de problème posé pour un seul peuple. Ce sentiment de la solidarité européenne, qui des plus hautes spéculations de la science s'étend jusqu'au tarif des salaires, date d'hier et s'impose déjà sous toutes les formes *. Sa force d'expansion

---

* Le 17 janvier 1846, une première réunion des membres de l'association des libre-échangistes de Paris avait lieu dans la salle Montesquieu et, dans cette séance, l'assemblée votait la déclaration suivante :

« *L'échange* est un droit naturel comme la *propriété*. Tout » citoyen qui a créé ou acquis un produit doit avoir l'option » ou de l'appliquer immédiatement à son usage ou de le cé- » der à quiconque, sur la surface du globe, consent à lui » donner en échange l'objet de ses désirs. Le priver de cette » faculté... — c'est méconnaître la pensée providentielle qui » préside aux destinées humaines, manifestée par l'infinie » variété des climats, des saisons, des forces naturelles et des » aptitudes, biens que Dieu n'a si inégalement répartis entre » les hommes que pour les *unir*, PAR L'ÉCHANGE, *dans les liens* » *d'une universelle fraternité*. — C'est compromettre, enfin, la » paix entre les peuples, car c'est briser les relations qui les « unissent et qui *rendront les guerres impossibles à force de les* » *rendre* onéreuses. »

Le 7 mars 1867, en conséquence d'un appel qui lui était fait par les ouvriers bronziers de Paris, le conseil des métiers

est telle, que déjà l'Europe ne lui suffit plus. La
grande préoccupation actuelle n'est-elle pas une

de Londres (*trades council*) adressait la circulaire que voici à
toutes les sociétés ouvrières anglaises :

Frères travailléurs !

La présente est délivrée à l'effet de certifier, qu'après examen complet de tous les faits et circonstances se rattachant à
la grève des ouvriers bronziers de Paris,

Nous avons accordé à l'unanimité la lettre de créance nécessaire aux délégués pour présenter leur demande d'appui
moral et matériel à toutes les sociétés ouvrières d'Angleterre.

Nous désirons que cet appui leur soit largement accordé ,
d'autant plus que dans des circonstances analogues , les
ouvriers français se sont déclarés solidaires des intérêts des
ouvriers anglais.

Votre serviteur,

G. ODGER,
Secrétaire du *Trades Council.*

En outre , les délégués parisiens recevaient une lettre de
créance conçue en ces termes :

Considérant que la proposition faite d'appuyer les ouvriers
du bronze s'accorde avec les vues générales du conseil ;

Que la question des salaires ne peut être résolue que par le
concours mutuel des travailleurs ; que, n'y eût-il en cause
que l'intérêt spécial des ouvriers anglais, ils devraient encore
appuyer les ouvriers bronziers de Paris ;

Le conseil décide, à l'unanimité, qu'il faut saisir avec empressement l'occasion qui se présente de prouver que les ouvriers anglais comprennent et pratiquent la solidarité.

Ces documents permettent d'apprécier les progrès qu'ont
faits en vingt ans, en dépit de toutes les réactions politiques,
les principes de solidarité internationale.

exposition universelle à laquelle ont pris part toutes les nations du globe? Les gouvernements, entraînés par ce mouvement, s'y associent pour en conserver la direction et en faire profiter leur politique; mais comme toutes leurs prévisions sont dépassées ! et devant l'accumulation des produits qui demandent une place dans ces bazars de l'industrie humaine, combien seront étroits tous les palais qui leur auront été élevés! C'est que rien dans l'organisation sociale du passé ne saurait donner une idée de ce que sera la société dans l'avenir, à mesure que disparaîtront les préjugés d'antagonisme et les autres entraves qui arrêtent l'essor du génie humain. Le pressentiment de ces destinées futures existe chez les populations européennes ; nous avons mis en regard les manifestations de l'instinct qui les pousse vers l'unité et les efforts qui sont faits pour les retenir dans les traditions de rivalités d'antagonisme et de division ; l'état actuel de l'Europe est le résultat de la lutte entre ces deux tendances. C'est à elle qu'il faut attribuer la rupture des équilibres, l'instabilité des institutions, l'ébranlement des croyances et ce scepticisme somnolent dans lequel nous voyons flotter les meilleurs esprits et les consciences les plus honnêtes.

————

Cette lutte ne saurait durer indéfiniment. Pour tout observateur clairvoyant il est manifeste que le jour de la crise approche, et que ce siècle verra la solution du problème *. Y en a-t-il de

* L'époque où nous entrons est le chemin par lequel des générations fatalement condamnées tirent l'ancien monde vers un monde inconnu. Le vieil ordre européen expire, vos débats actuels paraîtront des luttes puériles aux yeux de la postérité.

(CHATEAUBRIAND , *Mémoires d'outre-tombe.*)

Les peuples plus éclairés, se ressaisissant du droit de disposer eux-mêmes de leur sang et de leurs richesses, apprendront peu à peu à regarder la guerre comme le fléau le plus funeste, comme le plus grand des crimes.

Les peuples sauront qu'ils ne peuvent devenir conquérants sans perdre leur liberté; que des confédérations perpétuelles sont le seul moyen de maintenir leur indépendance; qu'ils doivent chercher la sûreté et non la puissance. Peu à peu les préjugés commerciaux se dissiperont, un faux intérêt mercantile perdra l'affreux pouvoir d'ensanglanter la terre et de ruiner les nations sous prétexte de les enrichir. Comme les peuples se rapprocheront enfin dans les principes de la politique et de la morale; comme chacun d'eux, pour son propre avantage, appellera les étrangers à un partage plus égal des biens qu'il doit à la nature ou à son industrie , toutes ces causes, qui produisent, enveniment, perpétuent les haines nationales, s'évanouiront peu à peu; elles ne fourniront plus à la fureur belliqueuse ni aliment ni prétexte.

(CONDORCET.)

possible une autre que celle espérée, énoncée par nous ? S'il pouvait en être ainsi ; si nos vœux ne doivent pas se réaliser ; si ce que nous croyons possible et même facile n'est qu'utopie et chimère, si les souvenirs de 1789 doivent s'effacer, si l'exemple de la grande république américaine ne doit pas porter de fruits, si c'est enfin le système du passé qui doit prévaloir ; que les monarques alors augmentent à leur gré le nombre de leurs soldats et de leurs vaisseaux, que les budgets de guerre grossissent aux dépens de l'instruction publique et de l'agriculture ; que les emprunts succèdent aux emprunts jusqu'à une banqueroute universelle ; que dans cet étouffement de la liberté et de la justice, les faibles soient absorbés par les forts, que les animosités de race à race succèdent aux haines de peuple à peuple, que Germains, Latins et Slaves s'entre-déchirent en se disputant les lambeaux de l'Europe ensanglantée, nous avons hâte de détourner nos regards de pareilles scènes. Il nous semble qu'il suffit d'entrevoir les conséquences de cette éventualité pour la juger impossible.

Ce qui nous importe, après avoir exposé l'autre hypothèse, qui est la nôtre, celle de l'unité ; c'est de démontrer que sa réalisation est entourée de beaucoup moins de difficultés qu'on ne le suppose, c'est de faire entrevoir les améliorations et les bienfaits dont elle serait la source pour l'Europe et pour le monde.

Tel est le but que nous nous proposons dans les autres parties de cet ouvrage.

OBJECTIONS

Nous savons avec quelles défiances, avec quelles terreurs sont accueillis par beaucoup de gens toute idée de réforme sociale, tout projet de changement politique; en toute entreprise il a fallu qu'une initiative individuelle forçât les croyances par l'évidence des résultats obtenus. Quelle est la découverte qui n'a point été traitée de chimère avant de passer à l'état de fait accompli ? Quel est le progrès qui ne s'est point appelé utopie avant d'avoir été réalisé ? L'œuf de Christophe Colomb est un apologue qui sera longtemps encore de circonstance.

Quelles objections n'avons-nous pas entendues

développer contre la praticabilité du suffrage universel! Sans prétendre que cette institution, si récente dans nos mœurs, soit arrivée au degré de
perfectionnement qu'elle comporte, on nous accordera néanmoins que matériellement elle fonc-
tionne avec une aisance et une régularité qui ont
dû confondre ses premiers détracteurs. L'unité
européenne est une innovation que l'esprit de
routine ne doit pas être plus disposé à accepter.
Nous nous sommes attaqué dans les chapitres
qui précèdent aux obstacles sérieux que peut rencontrer cette transformation ; nous croyons avoir
produit des arguments qui doivent tôt ou tard
avoir raison du préjugé populaire des nationalités ; quant aux intérêts monarchiques, notre rôle
devait se borner à démontrer que leur opposition
à l'unité reposait sur des considérations toutes
personnelles ; nous n'avons point à rechercher
comment la lumière pénétrera chez les uns,
comment la conversion s'opérera pour les autres.
Nous laissons sur ces deux points la discussion
dans les discrètes limites que nous lui avons tra-
cées et nous allons essayer maintenant de répondre à ceux qui, ne combattant pas l'unité en prin-

cipe, se retrancheraient derrière les prétendues impossibilités de l'application *.

———

Nous avons déjà déclaré que notre unité n'a rien de commun avec la centralisation telle qu'elle a été comprise et pratiquée jusqu'ici; mais tant d'obscurités ont été amoncelées autour de ce mot, et son interprétation divise d'une façon si fâcheuse les esprits les mieux faits pour s'entendre, que nous voulons bannir de notre sujet tout prétexte au renouvellement de cette querelle.

L'histoire nous prouve que la centralisation implique un état de lutte violente; c'est à ce titre que de nos jours elle est défendue par ceux qui ne veulent pas renier certains précédents histo-riques, ou qui prévoient des crises ultérieures. Aux jours de danger, Rome centralisait les pou-voirs publics aux mains d'un dictateur.

L'établissement du Saint-Office a été la centra-lisation du catholicisme en face de la réforme. La

---

* On ferait beaucoup plus de grandes choses si l'on en croyait moins d'impossibles.   (MALESHERBES.)

centralisation dans les grandes monarchies européennes a été le résultat des derniers combats livrés à la féodalité du moyen âge. Enfin le dernier et le plus terrible exemple de centralisation a été donné par la Convention française obligée de proportionner l'énergie de ses efforts à l'immensité des périls qui menaçaient son œuvre.

Il est arrivé malheureusement trop souvent que, le système survivant aux circonstances exceptionnelles en vue desquelles il avait été accepté, l'instrument de défense et de salut a fonctionné au profit d'une compression permanente ; mais la centralisation devenue despotisme ne s'est perpétuée qu'en invoquant comme prétexte tantôt l'imminence de guerres extérieures, tantôt le péril de l'anarchie au dedans.

La centralisation est donc un expédient, ce n'est pas un régime. Supprimez le danger et vous lui enlevez sa raison d'être. Voilà pourquoi tout motif de guerre, toute crainte d'anarchie disparaissant avec l'unité, il n'y a pas à se préoccuper de la centralisation.

Des événements contemporains, auxquels nous avons déjà fait allusion, viendront encore ici à l'appui de notre opinion. L'Allemagne et l'Italie, pour sortir d'un état anormal de déchéance et d'infériorité, ont eu toutes deux leur accès de fièvre centralisatrice. Laissons passer quelques années de sécurité et de paix sur le régime auquel elles doivent leur délivrance, et nous verrons bien des prétentions, silencieuses aujourd'hui, retrouver la voix, pour protester contre la prolongation ou l'excès de la centralisation.

La Belgique et la Suisse ne nous montrent-elles pas quels développements et quelles racines peut prendre l'indépendance des administrations locales, même dans des États d'une médiocre étendue, et dans l'espace d'un petit nombre d'années, pourvu que la sécurité soit assurée au dehors et que le régime intérieur soit sagement réglé ? N'est-on point autorisé à espérer tout au moins les mêmes résultats pour l'Europe placée dans des conditions meilleures de sécurité et d'administration intérieure ?

Il est donc bien entendu que pour nous, l'unité ne signifie nullement centralisation. Quand nous arriverons à l'exposition plus détaillée de notre système, on verra jusqu'où nous poussons le scrupule des autonomies, car c'est moins un centre administratif que nous voudrions donner à l'Europe unifiée qu'un centre de haute juridiction arbitrale *. Cette question préalable vidée, nous nous sentons plus à l'aise pour aborder d'autres objections que l'idée d'unité peut soulever.

Comment prétendre, pourra-t-on nous dire, réunir en une seule famille non-seulement des peuples divisés par des rivalités séculaires, par le souvenir de guerres acharnées et nombreuses,

---

* S'il existait entre les peuples des tribunaux dont les sentences eussent une sanction suffisante, comme il en existe entre les individus, on verrait peu à peu changer l'opinion en ce qui touche à la guerre ; elle inspirerait la même horreur que toute autre espèce de meurtre, parce qu'elle ne serait plus, en effet, que le meurtre pur et simple. Les développements futurs de la civilisation amèneront-ils une solution semblable? Je le crois, et le temps ne me parait pas même extrèmement éloigné.

On avait proclamé le règne de la force; on lui demanda une garantie contre elle-même, et de là ce système de balance entre les États, balance chimérique qu'on crut fixer par des traités de Westphalie, et qui, dérangée toujours et toujours cherchée, est toujours le grand œuvre des Rose-Croix de la politique. Jamais peut-être il n'y eut plus de guerres, ni de guerres plus sanglantes, ni des usurpations plus iniques et plus audacieuses, que depuis l'invention de ce système destiné à les prévenir.   (LAMENNAIS.)

mais encore des races antipathiques les unes aux autres, et d'une vitalité trop puissante pour qu'on puisse espérer voir celle-ci absorbée par celle-là ? C'est le premier argument qui devait naturellement nous être opposé. Nous reconnaissons ce qu'il a de sérieux, et peut-être nous eût-il arrêté nous-même, si l'expérience, plus encore que le raisonnement, ne nous eût fourni les moyens de le combattre. Nous savons que trois grandes et fortes races se partagent le sol européen, les Latins, les Anglo-Saxons, et les Slaves. Nous tenons compte de tous les obstacles apparents ou réels que la diversité de mœurs, de religion, d'aptitudes peut opposer à une fusion immédiate et complète. Mais qu'il nous soit permis de déclarer d'abord que nous n'entendons violenter le génie particulier d'aucune race ni d'aucun peuple. L'originalité des groupes comme celle des individus est une loi de la nature, et une de celles où nous admirons le plus la merveilleuse fécondité de la Providence. Nous désirons au contraire qu'un essor plus libre étant donné à toutes ces énergies diverses, il y ait plus de relief encore pour les qualités particulières qui les caractérisent. Ce qui nous afflige, dans l'état actuel, c'est la direction donnée à ces énergies, c'est le mauvais emploi de ces dons précieux. Notre rêve, c'est une organisation politique dans laquelle les forces sociales ne s'useront plus ni dans des chocs hostiles, ni dans de stériles frottements. Chacun a son rôle et sa mission que nous ne voulons ni intervertir ni annuler. Nous rajeunirions volontiers le vieil apologue romain *des membres et de l'estomac*, et nous dirions : Si, dans le grand corps européen, le Slave est le bras, si l'Anglo-Saxon est la tête, si le Latin est le cœur, que les trois organes, au lieu de se combattre, fonctionnent dans une fraternelle harmonie aussi profitable à l'ensemble qu'à chacune des parties. Le lecteur ne prendra dans la comparaison que la part de vérité qu'elle renferme ; nous n'avons pas besoin d'ajouter que si chaque race a son génie plus particulièrement empreint d'énergie, de raison ou de sensibilité, partout en Europe, il y a du cœur, de la tête et des bras. Nous avons voulu seulement faire comprendre combien est loin de notre pensée toute compression des instincts, toute unification contre nature.

Dans le rapprochement et la coexistence des nations européennes au sein d'une grande confédération, nous ne redoutons pas plus les périls du voisinage qu'une atteinte à leur autonomie.

Où voyons-nous dans l'histoire, que les populations aient pris l'initiative des agressions et des hostilités, sans y avoir été sollicitées ou poussées par une influence en dehors d'elles? Si parfois elles ont paru céder à l'ambition, à l'esprit de conquête, au fanatisme religieux, cette surexcitation passagère a toujours été l'œuvre des chefs intéressés à l'exploiter. La paix, au contraire, a toujours été accueillie par des témoignages de joie et de reconnaissance. Au moyen âge, les gens de guerre forment une classe à part, et leurs exploits ne sont pas de nature à faire aimer la triste industrie qu'ils exercent ni par le paysan qu'ils rançonnent, ni par le citadin qu'ils pillent et incendient. La mission avouée des armées modernes est la défense du territoire; malgré la légitimité du but, cet impôt du sang est le plus lourd et le plus pénible de tous. Chaque déclaration de guerre est précédée d'un manifeste dans lequel le souverain est obligé par la conscience publique à justifier la résolution qu'il a prise. Plus un peuple a de part dans le gouvernement des affaires publiques, et plus la paix a de chances d'être maintenue. Les sympathies pacifiques des peuples se révèlent même sur les champs de bataille. Les soldats trinquent ensemble avant de s'égorger. On a vu des assiégeants offrir des vivres et partager leurs rations avec les affamés qu'ils assiégeaient. Les dernières guerres ont provoqué la formation d'une société médicale qui se propose de secourir les blessés sans distinction de drapeau; cette protestation philanthropique répond à un sentiment si universel, que toutes les nations s'y sont associées, et que les gouvernements eux-mêmes ont été obligés de la consacrer par une approbation officielle. Pourrions-nous oublier, au milieu de ces manifestations, l'existence déjà ancienne de ce vaillant comité des Amis de la paix, recruté parmi toutes les illustrations européennes et qui, sans se décourager, ose défendre les droits de l'humanité dans les temps et dans les lieux où l'on est le plus disposé à les méconnaître?

Il est donc bien incontestable que les peuples ne nourrissent aucune animosité les uns contre les autres, qu'ils ont toujours eu horreur de la guerre, et que, sauf le cas de légitime défense, ils n'en viendraient jamais à cette extrémité, s'ils étaient eux-mêmes les arbitres de leurs propres destinées.

Si cette vérité nous apparaît au sortir des époques de barbarie, dans un milieu de civilisation à peine ébauchée, dans l'absence à peu près complète de tous moyens de communication, lorsque l'ignorance et la diversité des langages et des coutumes met obstacle à tout rapprochement, à toute solidarité d'intérêts; avec quelle autorité ne doit-elle pas s'imposer de nos jours, alors que tant de liens intellectuels et commerciaux unissent ensemble les membres de la famille européenne !

Si nous ne nous étions fait une loi d'écarter autant que possible toute allusion directe, toute personnalité blessante, nous aurions pu, en remontant à l'origine des guerres les plus mémorables, indiquer l'intrigue politique et l'intérêt privé qui en ont été les causes premières et déterminantes; c'est une facile recherche que nous recommandons à nos lecteurs. Nous voulions répondre aux craintes d'un déchaînement de haines nationales que pourraient nous objecter quelques esprits irréfléchis et prévenus; cette défiance des peuples qu'on voudrait nous représenter comme des groupes hostiles, animés de passions aveugles et farouches, toujours prêts à se ruer les uns sur les autres, s'ils n'étaient contenus par la sagesse et la modération de leurs maîtres, cette défiance est une injure à l'humanité contre laquelle proteste l'histoire *; et dans le temps où nous vivons, cette sympathie fraternelle des peuples se révèle si clairement que les souverains et leurs ministres sont obligés à des protestations de paix et d'amitié même quand la haine et la guerre sont au fond de leur politique.

* Il est puéril et absurde de supposer qu'une nation soit l'ennemie irréconciliable d'une autre nation. Cette opinion n'a de fondement ni dans la connaissance de l'homme ni dans

Du reste, à ceux que ces enseignements de l'histoire ne suffiraient pas à convaincre, nous pouvons opposer un argument plus décisif, une épreuve faite. Si jamais éléments confus et contraires sont entrés dans la constitution d'un État, c'est bien la république des États-Unis qui a donné le spectacle de ce phénomène. Depuis trois quarts de siècle, le premier essaim des colons fondateurs est comme noyé dans la masse des émigrants qui arrivent par centaines de mille chaque année. Toutes les nations du globe sont repré-

l'expérience des peuples. Elle calomnie la constitution des sociétés politiques et attribue à la nature humaine un vice infernal. (PITT, 1787.)

De même que les instincts du génie allemand étaient en général tournés vers la paix et les œuvres de la paix, de même la confédération des États allemands aura un caractère essentiellement DÉFENSIF. Le mouvement allemand, pendant la dernière période d'années, n'a pris son origine dans aucune tendance hostile à ses voisins, dans aucune idée de conquête, mais uniquement dans le besoin de procurer aux vastes territoires qui s'étendent des Alpes à la mer les bases fondamentales d'un développement politique, que la marche des événements pendant les siècles passés n'avait pas laissé arriver à maturité.

C'est uniquement pour la DÉFENSE et non pour l'offensive que les races allemandes s'unissent, et la preuve que leur fraternité est comprise ainsi par les peuples voisins est fournie par l'attitude bienveillante des États de l'Europe les plus puissants, qui, sans appréhension et sans envie, voient l'Al-

sentées dans cette agglomération hétérogène. Chacune apporte ses mœurs, son langage, sa religion, ses préjugés. Ce flot sans cesse renouvelé se répand sur les vastes territoires qui lui sont ouverts. Chacun choisit pour résidence la contrée où il espère trouver meilleure fortune; on sait quelle foule d'aventuriers la découverte de l'or attira en Californie de tous les coins du globe; l'ordre et la prospérité qui règnent aujourd'hui dans cet État nous autorisent à le citer; mais pour rentrer dans une appréciation

lemagne prendre possession des mêmes avantages d'une grande communauté politique, dont ils jouissent eux-mêmes depuis des siècles.

(Discours du roi de Prusse à l'ouverture du parlement allemand, 24 février 1867.)

Il y a dans les émotions qui se sont emparées du pays un sentiment légitime qu'il faut reconnaître et préciser. Les résultats de la dernière guerre contiennent un enseignement grave et qui n'a rien coûté à l'honneur de nos armes; ils nous indiquent la nécessité, pour la défense de notre territoire, de perfectionner sans délai notre organisation militaire. La nation ne manquera pas à ce devoir, qui ne saurait être une menace pour personne; elle a le juste orgueil de la valeur de ses armées; ses susceptibilités éveillées par le souvenir de ses fastes militaires, par le nom et les actes du souverain qui la gouverne, ne sont que l'expression de sa volonté énergique de maintenir hors de toute atteinte son rang et son influence dans le monde.

(Circulaire de M. de Lavalette.)

générale, constatons que la population cosmopo-
lite des États-Unis s'élevait en 1860 à 30 millions
d'habitants. Or, quel était à cette époque l'effectif
de la force armée répressive? Dix-sept mille soldats répartis sur un territoire plus vaste que celui de toute l'Europe; et encore la plus grande
partie de ces forces était-elle employée à la
surveillance des tribus indiennes sur les frontières.

Cependant, depuis l'établissement du gouvernement républicain jusqu'à la guerre civile de 1861,
aucun trouble sérieux, aucune querelle intestine
n'est venue troubler l'harmonie entre les États
confédérés. Ajoutons que ces États ne sont sépa-
rés le plus souvent les uns des autres que par des
frontières idéales en quelque sorte, par des lignes
géographiques répondant à des subdivisions des
degrés de longitude et de latitude sous lesquels
s'étend le territoire de l'Union. Démarcation
scientifique que du reste la civilisation moderne
tend à substituer aux prétendues frontières
naturelles même entre nations qui ne vivent
pas toujours dans des conditions de bon voisinage.

La dernière guerre provoquée par l'abolition de l'esclavage ne saurait être alléguée en aucune façon comme un témoignage d'incompatibilité entre les populations de l'Union. La suppression d'une institution, à laquelle de si puissants intérêts étaient attachés, ne pouvait s'effectuer sans douloureux déchirements. La crise que nous avons vue éclater était pressentie depuis bien longtemps ; mais la constitution a victorieusement résisté à ces rudes assauts ; c'est uniquement comme possesseurs d'esclaves que les sécessionistes voulaient sortir de l'Union ; la lutte n'a eu ni caractère religieux ni celui d'un antagonisme de races. Il y avait dans les deux camps des Irlandais, des Allemands, des Français, aussi bien que des Américains ; et le débat était si évidemment circonscrit dans une question d'intérêt, que le gouvernement de Richmond, pendant la durée de son existence, a professé pour la constitution tout autant de respect que celui de Washington, n'y apportant de modifications que dans ce qui avait trait au sujet même de la révolte. Malgré les difficultés de reconstruction que devait amener une pareille secousse, on peut dès aujourd'hui affirmer que l'Union en sortira plus solide et plus puissante que jamais, puisque ce qu'on reproche actuellement aux vaincus, ce n'est pas la persistance de leurs haines et de leurs rancunes, mais leur prétention à reprendre trop vite leur ancienne place dans l'Union.

L'exemple des États-Unis est donc aussi concluant que possible, en faveur de la thèse que nous soutenons.

1º La forme fédérative peut assurer aux races les plus diverses la libre pratique de leurs mœurs, de leur religion, de leurs usages, le développement le plus complet de tous leurs instincts. Les tirs organisés par les Suisses, les brasseries allemandes, les théâtres chinois, les temples consacrés à toutes les croyances prouvent assez en faveur des garanties offertes à toutes les traditions nationales.

2º Cette forme, loin de provoquer les conflits entre États, en atténue tellement la gravité, et en rend les occasions si rares qu'elle a donné une paix de près d'un siècle à des populations ardentes et rajeunies, en dirigeant leur énergie et leur ambition vers les conquêtes de l'industrie, du commerce et de la civilisation.

Et qu'on ne prétende pas diminuer la valeur de l'exemple et l'évidence de la démonstration, sous prétexte que la grande république ne forme après tout qu'une seule nation. L'ignorance trop générale où on est resté en Europe des bases constitutives de l'*Union* pourrait seule expliquer la production de cet argument. La république des États-Unis n'est pas autre chose que la réunion, sous certaines conditions acceptées, de trente-six États parfaitement indépendants les uns des autres, ayant chacun leur constitution, leur législation particulière, leur sénat, leur congrès, leurs tribunaux d'instance et d'appel, leur mode de votation particulière et ne relevant du gouvernement central que pour les services d'un intérêt général, diplomatie, douanes, monnaies et postes. C'est par le fait de cette indépendance des États, que l'esclavage a subsisté si longtemps dans le voisinage d'États où, en vertu des mêmes droits, la propagande abolitionniste s'exerçait ouvertement. Existe-t-il en Europe deux nations divisées par des principes aussi contraires ?

Nous pourrions multiplier les exemples, nous n'en citerons plus qu'un seul, parce qu'il est de date récente et d'un intérêt caractéristique. Pendant la dernière guerre, les besoins financiers imposèrent au gouvernement de Washington la nécessité de donner un titre légal et obligatoire à la monnaie de papier ; l'État de Californie, quoiqu'un des plus dévoués à la cause du Nord, jugea la mesure préjudiciable à ses intérêts ; sa législature décréta que l'or continuerait à rester la seule monnaie légale, et cette décision fut respectée.

———

Après ce que nous venons de dire, pour répondre d'avance à des objections prévues, on peut déjà entrevoir que l'unité européenne, telle que nous la concevons, n'est ni la révolution ni l'anarchie, ni la négation d'aucun droit légitime, d'aucune indépendance autonomique. Elle rend les armées inutiles, et, cette inutilité étant bien constatée, qui donc oserait se plaindre de leur suppression ?

Elle délivre le commerce des entraves douanières ; mais ce résultat n'est-il pas pressenti de-

puis plusieurs années, accepté par le plus grand
nombre, poursuivi par la science économique, sous
le nom de libre échange, et réalisé en partie par
des traités dont les populations ont pu apprécier
les bienfaisants effets ? Ce sont là les deux innovations les plus radicales du régime unitaire. L'assimilation des monnaies, l'adoption d'un système
uniforme des poids et mesures, une concordance
bien réglée dans le service des chemins de fer, des
postes et des communications télégraphiques seraient aussi des conséquences forcées de la transformation politique; mais ici encore ne serions-
nous pas en pleine réalisation de vœux formulés
par l'opinion publique ? Sur chacun de ces points
des tentatives d'unification ne sont-elles pas faites
journellement, soit par l'initiative individuelle,
soit par des associations libres, soit même par
quelques gouvernements ?

De grands efforts ne seraient donc pas nécessaires au pouvoir central pour coordonner ce qui
serait dans sa direction ; sa mission se réduisant
en quelque sorte à la sanction légale d'aspirations
universelles, à la sauvegarde des services d'un intérêt européen, et à l'arbitrage des questions qui

pourraient diviser les États confédérés. Quant à
ces États, tout se bornerait pour eux à envoyer au
congrès central des députés en nombre proportion-
nel au chiffre de leur population et à reconnaître
sa compétence, à accepter ses décisions dans les
limites fixées par la constitution unitaire.

En dehors de ces obligations, leur indépendance
reste absolue.

Nous sommes loin de reconnaître une égale valeur aux diverses constitutions qui régissent les
nations européennes, mais nous ne voulons compter que sur la pratique pacifique du régime unitaire, pour l'amélioration de celles qui peuvent
nous paraître inférieures ou défectueuses. Il n'y a
de progrès réels et durables que ceux qui sont en
harmonie avec les mœurs ; c'est sur les mœurs surtout que l'unité doit agir. En facilitant les
contacts, elle amènera les comparaisons. La suppression des armées, en éloignant la possibilité
des recours à la violence et à la compression, fera
une part plus large aux idées de conciliation et de
justice. Dans l'état actuel de lE'urope, l'espoir

d'améliorations sociales est trop souvent lié à l'é-
ventualité de révolutions; l'unité assurerait un
cours régulier et tranquille à la perfectibilité des
institutions.

En Angleterre, grâce à la liberté qui est son
palladium, grâce à la sagesse et à l'opportunité
des concessions, les réformes politiques s'opèrent
sans secousses violentes, mais nous entendons
souvent dire qu'il n'en sera pas ainsi, quand la
constitution féodale de la propriété foncière sera
en question. L'Angleterre est trop haut placée, sa
supériorité sur beaucoup de points est trop incontestable, pour qu'il y ait scrupule à lui dire la
vérité, lors même que cette vérité pourrait ne pas
lui être agréable; or peut-on supposer que l'ano-
malie de lois datant de la conquête normande, et
immobilisant aux mains de quelques familles
plus de la moitié du sol, eût traversé tant de
siècles et planât encore aujourd'hui sur la nation,
avec la menace de terribles orages, si un contact
plus intime et des rapports plus étroits avaient
existé, depuis un siècle surtout, entre la législation
anglaise et les principes de l'Europe moderne?
Ainsi donc, l'Angleterre elle-même, avec son ba-

gage féodal qui serait respecté, aurait intérêt à entrer dans l'unité qui lui assurerait, mieux encore que l'habileté et la puissance de son aristocratie, les bienfaits d'une transformation graduelle et pacifique.

L'unité n'imposerait pas davantage à l'Espagne une rupture violente avec les traditions de son catholicisme arriéré; mais, par le fait de relations de plus en plus fréquentes, elle lui donnerait le spectacle de nations affranchies de l'ignorance et du fanatisme : une salutaire émulation la ramènerait peu à peu à des habitudes de travail et d'activité, et les résultats qu'elle ne tarderait pas à obtenir lui auraient bientôt appris à préférer une régénération laborieuse mais féconde au culte de stériles souvenirs et à l'énervement d'une orgueilleuse paresse. Ainsi donc, aucuns sacrifices ne seraient violemment imposés, même aux susceptibilités des vanités les moins justifiables ; c'est d'eux-mêmes, et par le seul rayonnement des progrès dont l'exemple leur serait offert, que les peuples s'amenderaient ; toute l'économie du

système consistant à faciliter la contagion du
bien.

————

Dans l'Union américaine, modèle que nous ne
nous lasserons pas de mettre sous les yeux de
nos lecteurs, il ne faut pas croire que l'assimilation des États soit instantanée. Dans les diverses
parties de cette vaste communauté il y a des différences plus tranchées souvent qu'entre diverses
nations de l'Europe. Les populations agglomérées
dans les contrées du littoral n'ont pas la même
vie ni les mêmes mœurs que les habitants des
campagnes et les pionniers épars dans les loin-
tains territoires. Si le sol est neuf, on sait que les
habitants sont comme nous des enfants de la
vieille Europe, et qu'en changeant de patrie, ils
n'ont dépouillé ni leurs souvenirs, ni leurs instincts, ni leurs passions ; nous pouvons donc in-
voquer leur exemple. Que se passe-t-il quand,
de ces groupes disséminés, un État a été formé ?
On compare les constitutions des États environ-
nants ; on adopte, avec ou sans modifications, celle
qui semble le mieux répondre aux besoins de la

société qui se fonde ; cette société, tout en conser-
vant son caractère agricole, commercial ou ma-
nufacturier, emprunte à ses aînées tout ce dont
l'application lui semble utile; aucune mesure
restrictive ou fiscale ne venant entraver ces
échanges et ces rapports, les relations s'ac-
tivent, se multiplient et accélèrent l'assimilation.

Nous sommes d'autant plus autorisé à croire
qu'il en serait de même des États européens dé-
barrassés de toutes les formalités douanières et
administratives, qu'en dépit de toutes ces entraves, de semblables emprunts s'opèrent chaque
jour sous nos yeux. En industrie, il n'y a plus de
procédés qui restent le privilége exclusif du pays
où ils ont été inventés. Toutes les grandes découvertes, celles qui sont nuisibles hélas! aussi
bien que celles qui sont bienfaisantes, tombent
immédiatement dans le domaine européen. Quelle
fiévreuse rivalité dans l'établissement des chemins
de fer! quelle émulation plus ardente encore dans
la reproduction des engins de guerre, canons
rayés, fusils à aiguille, navires cuirassés ou à
éperons! Toutes les imitations ne sont pas aussi

rapides, mais on peut constater cependant que, malgré douaniers et gendarmes, il n'y a plus de frontières dans l'enceinte desquelles puisse rester renfermée la production d'un nouveau système, la proclamation d'un nouveau principe. La suppression de la contrainte par corps, ce dernier vestige de la torture, de l'intérêt légal, de la détention préventive, l'abolition de la peine de mort, sont des questions étudiées simultanément par les jurisconsultes de tous les pays. La Prusse vient d'emprunter à la France le suffrage universel. La Belgique a supprimé les octrois, et depuis que cette expérience a été faite, l'application d'une semblable réforme est à l'étude chez plusieurs gouvernements voisins.

On ne peut méconnaître que ces assimilations encore bien incomplètes, ces ébauches de fusion ne soient le résultat de la multiplicité des communications si prodigieusement facilitées par la vapeur et les chemins de fer. L'unité, en détruisant les seuls obstacles qui s'opposent encore au libre et complet développement des échanges et des rapports, rendrait donc bien plus facile et bien plus rapide cette harmonie européenne, chimère et utopie pour ceux-là seuls qui se refusent à étudier les moyens de la réaliser.

———

Après avoir répondu aux idées générales, avons-nous à prévoir les objections de l'intérêt privé ? Il est bien vrai que la suppression des douanes nous met en plein libre échange ; mais, dès aujourd'hui ce grand procès n'est-il pas vidé, et la cause des protectionnistes n'est-elle pas irrévocablement perdue ? Au point de vue industriel et commercial, l'unité faisant une grande communauté des divers États européens, il en résulte qu'il n'y aurait pas plus lieu de favoriser exceptionnellement les produits de telle ou telle contrée, qu'il ne serait logique, en ce moment, d'encourager les fabriques de Sedan au détriment de celles d'Elbeuf, ou les vignobles de Bourgogne aux dépens de ceux du Bordelais.

Le principe vrai, le seul logique est celui qui veut que l'industrie s'éloigne le moins possible des indications de la nature. Les industries factices ne méritent pas qu'on les regrette, et sont toujours faciles à remplacer. Qui se plaindrait de voir disparaître à Cette les fabriques de vins de Madère et de Malaga, sur le Rhin les contrefaçons de vins de Champagne? Avec l'unité d'ailleurs le grand argument des protectionnistes aurait perdu toute sa valeur. N'est-ce point en vue des blocus et des communications interrompues par la guerre qu'ils réclament en France et ailleurs des encouragements pour le sucre de betterave et la conservation à tout prix de maigres houillères, de forges ou de hauts fourneaux impuissants à soutenir la concurrence ? Il n'est pas de pays si déshérité qui n'ait ses productions spéciales, ou qui ne puisse en créer. L'Europe entière sera un marché ouvert à ces productions. Ajoutons que la suppression universelle des droits, la facilité et l'économie des transports feront disparaître bien des inégalités dans les conditions d'existence. Ne voyons-nous pas déjà le niveau s'établir peu à peu dans le prix des denrées et dans le tarif de la main-d'œuvre, entre les contrées que relient les chemins de fer? Ces résultats, en se généralisant, aideraient, provoqueraient en toute chose le développement de toutes les aptitudes. On peut dire en un mot que l'unité est le complément du libre échange avec l'extension de ses avantages et l'annulation des critiques dont il a pu être l'objet.

Qui n'a point éprouvé combien une appréciation sincère est difficile à obtenir d'un esprit prévenu? Aussi a-t-on dû comprendre le désir que nous éprouvons de voir nos lecteurs dégagés de toute idée préconçue avant de les introduire dans notre nouvelle Europe, telle que l'aura faite l'unité. C'est dans cette intention que nous sommes allé au-devant de toutes les défiances, espérant non pas convaincre les incrédulités systématiques, mais rassurer les consciences timides et enlever aux intelligences sincères tout prétexte d'opposition non raisonnée.

Nous avons donc essayé de démontrer que le mal dont souffrait l'Europe, mal qui réclame un énergique et prompt remède, c'est l'antagonisme des nations, paralysant leurs ressources, entretenant des rivalités qui aboutissent à des guerres ruineuses.

Nous avons prouvé, croyons-nous, que si les

princes ont intérêt à perpétuer cet état de choses, les peuples ne le tolèrent que sous l'empire du fatal préjugé des nationalités.

L'unité est le remède à l'antagonisme, vérité mathématique pour ainsi dire, et qui n'a pas besoin d'être démontrée.

Mais cette unité ne sera-t-elle pas une centralisation despotique? ne sera-ce pas un communisme européen, effaçant souvenirs et traditions, brisant les lois les plus respectables et jetant les populations dans un moule uniforme?

Non, avons-nous répondu : l'unité convie les nations à une fusion des intérêts généraux, sans porter atteinte à l'indépendance d'aucun peuple, sans comprimer aucun de leurs instincts.

Elle transforme en amis, en frères, des voisins haineux et jaloux. Elle remplace l'égoïsme des gouvernements par un tribunal de famille qui impose l'union et la paix.

Elle ne saurait enfin compromettre les intérêts privés, si elle augmente le bien-être général, alors surtout qu'elle enlève aux gouvernements les armes si souvent dirigées contre la prospérité et la tranquillité des peuples.

Et maintenant, si le lecteur a trouvé suffisantes et valables nos démonstrations et nos réponses aux objections que nous avons prévues, il acceptera avec moins de défiance les résultats de la réforme unitaire qui nous restent à lui exposer.

RÉALISATION

ÉCONOMIES

Suppression des armées, liberté complète des communications et des échanges, voilà, avons-nous dit, les deux réformes les plus radicales qu'imposerait à l'Europe la constitution de son unité; nous avons donc à rechercher maintenant quelle serait l'influence de ces réformes sur l'état économique, politique et social des États de notre continent *.

---

* La race humaine ne pouvait être dotée d'un plus grand bienfait que ne le serait le consentement de toutes les puissances à maintenir leur position relative les unes vis-à-vis des autres en réduisant leurs forces respectives.

(ROBERT PEEL. — *Chambre des Communes*, 1841.)

Le moment n'est-il pas arrivé où les puissances réduiront leurs établissements militaires, où elles pourront se dire entre elles : A quoi bon cette augmentation incessante des forces

Les résultats à attendre sont de deux espèces, résultats matériels et résultats moraux. Étudions d'abord les résultats matériels.

Considérons comme exceptionnel et transitoire l'accroissement des forces militaires que préparent en ce moment les gouvernements européens ; basons nos calculs sur la moyenne que nous présentent les budgets de la guerre, dans la période des dix dernières années.

Nous trouvons que l'affectif des armées s'élève à un total de quatre millions de soldats, si nous comprenons la Russie dans ce chiffre[*]. Le service

militaires? Après tout, pourquoi une puissance augmenterait-elle considérablement sa marine ou son armée? Cette puissance ne sait-elle pas que dans un intérêt de légitime défense les autres puissances en feront autant?... Si tous les pays consultaient les ressources de leurs finances et celles des autres pays en Europe; si tous les pays voulaient comparer les dangers d'une guerre avec tous les périls attachés à l'assujettissement du peuple à des taxes illégitimes, ils comprendraient bientôt que le danger attaché à ces préparatifs de défense est plus grand, plus imminent que celui d'une agression.

(ROBERT PEEL. — *Chambre des Communes*, 29 août 1841.)

[*] Dans une statistique très-consciencieuse et très-savante publiée récemment par M. Kaempfen, curé d'un village du canton du Valais en Suisse, nous trouvons les chiffres suivants : les budgets des quarante-neuf États européens pré-

des douanes et des octrois emploie quinze cent
mille hommes environ, et ce n'est pas exagérer
l'importance du personnel diplomatique et celui
de la police politique que de l'évaluer au chiffre
de cinq cent mille individus. Si d'ailleurs un ap-
point était nécessaire pour compléter le total de
six millions d'hommes formé par les chiffres que
nous venons de poser, nous le trouverions , et
au delà, dans la quantité d'ouvriers des ports de
guerre , des arsenaux, des administrations des
poudres et salpêtres et des employés de toute
sorte relevant des services supprimés et que
nous mentionnons ici seulement pour mémoire.

———

L'unité restitue donc à la production, aux travaux utiles six millions d'hommes choisis au

sentaient pour l'année 1864 un total des dépenses s'élevant
à onze milliards de francs.

Quoique l'année ait été une année pacifique, la guerre
seule figure dans ce tableau pour cinq milliards.

Ces chiffres non contestés sont une nouvelle confirmation
des données sur lesquelles sont basés nos calculs.

Ajoutons comme document non moins précieux que selon
le même auteur les sommes consacrées à l'instruction publique ne dépassent pas cent vingt-cinq millions.

45 p. 100 à la guerre et 1 et 1/2 à l'instruction !

sein des populations, dans des conditions d'âge, de force et de santé qui rendent leur improductivité particulièrement regrettable.

Mais ce n'est pas tout. Ce chiffre de six millions, tout énorme qu'il soit, nous pouvons le doubler sans aucun scrupule, pour arriver à une appréciation exacte de l'accroissement que l'unité doit apporter aux forces productives de l'Europe.

En effet, iansi que nous l'avons exposé dans un précédent ouvrage : *Une Solution*, chacun de ces fonctionnaires a besoin, pour sa nourriture et son entretien, du travail d'un autre homme dont le produit se trouve ainsi stérilisé par sa destination. C'est donc en réalité du travail productif de 12 millions d'hommes que l'Europe se trouverait enrichie, par le fait de la constitution de son unité; ce qui peut se traduire financièrement par une économie budgétaire de 6 milliards et par un accroissement de la richesse publique égal au travail de douze millions d'hommes.

Est-il besoin de faire ressortir ce que gagneraient l'agriculture et l'industrie par le concours de toutes ces forces aujourd'hui perdues?

La marine commerciale, dont le personnel se recrute si difficilement dans plusieurs États de l'Europe, et même en Angleterre, n'aurait plus à redouter la brutale concurrence de la conscription et de la presse.

Nous nous réservons d'indiquer plus tard l'emploi que nous destinons au matériel maritime des États, mais dès à présent nous pouvons ajouter à l'effectif du bilan que nous dressons tous les terrains et constructions consacrés à un but de défense ou de guerre, ces innombrables casernes qui seraient si utilement transformées en hospices ou en écoles, ces arsenaux où tant de millions s'engloutissent, ces citadelles étendant autour d'elles une zone de stérilité et de servitude, ces remparts, ces fossés dans l'enceinte desquels est refoulée et comprimée l'expansion des cités les plus industrieuses et les plus actives.

Les protestations unanimes des Anversois, et nous pourrions citer bien d'autres exemples, ne disent-elles pas assez clairement et assez haut avec quelle satisfaction les populations de notre époque verraient disparaître ces prétendues protections, vestiges abhorrés d'un régime qui ne laisse derrière lui que des ruines et du sang.

Ces premiers résultats de la transformation européenne entraîneraient des conséquences d'un autre ordre.

Nous avons établi que c'est la violence des luttes, ou la crainte des dangers extérieurs, qui avait servi de cause ou de prétexte à la centralisation des pouvoirs. La force et l'argent, l'armée et les finances, voilà la double base sur laquelle s'appuie toute centralisation.

L'unité enlève à ces bases leurs plus solides assises. Le gouvernement de chaque État n'a plus d'autre mission que l'administration intérieure du pays. La suppression des budgets de la guerre, de la marine, des douanes et des relations extérieures lui a précisément enlevé les principaux éléments de force centralisatrice. Les services dont la direction lui reste, instruction publique, agriculture, travaux publics, sont, par leur nature même, sous un contrôle bien plus immédiat des populations. Or un principe ne peut déchoire sans que le principe opposé ne se relève d'autant. Tout ce que l'administration centrale aura perdu, la décentralisation devra l'avoir gagné. Et en effet il arrivera ceci : ou le système des gros budgets prévaudra , et alors ce seront l'instruction publique, l'agriculture et les travaux publics qui seront richement dotés; ou bien les charges seront réduites proportionnellement aux économies réalisées, et dans ce cas comme dans l'autre, c'est la province, la campagne, le pays tout entier qui profitera de la réforme.

Présentons cette idée sous un autre aspect : dans l'état actuel des choses, l'impôt prélevé dans une commune suit deux directions ; une partie va au budget général, l'autre reste pour l'acquittement des services locaux. L'unité maintiendra ou accroîtra l'importance des budgets communaux; tandis qu'elle réduira notablement celle du budget central. Il est difficile de supposer que les habitants d'une commune ne soient pas admis d'une façon ou d'une autre à régler la répartition de fonds qui doivent être dépensés sous leurs yeux. Ce contrôle est une première initiation à la vie politique, et la vie politique organisée dans la commune c'est la décentralisation et la liberté.

Nous rencontrons des preuves bien saisissantes de l'influence exercée par ces modications budgétaires dans les pays où la forme fédérative est en vigueur, en Suisse et surtout aux États-Unis.

Dans la grande république américaine, jusqu'au moment où éclata la guerre de la sécession , les recettes des douanes suffisaient , à 6 ou 7 0/0 près, à l'entretien des services dont le gouvernement central de Washington est chargé d'après la constitution, guerre, marine, relations extérieures, postes et monnaies. On sait de plus que l'excédant des recettes sur les dépenses était devenu un embarras permanent pour les ministres des finances qui se succédaient. Tous les autres impôts étaient perçus par les États, et dans la répartition que la législation locale a mission d'en faire, après le prélèvement des sommes affectées à l'instruction publique et au service de l'État, tout le reste est laissé à la disposition des comtés ou districts ; de telle sorte que chaque circonscription territoriale conserve vis-à-vis de son État la même indépendance que cet État garde vis-à-vis du gouvernement central de l'Union. Qui pourrait contester la part qu'a eue l'application de ce mécanisme dans le développement si rapide et si considérable qu'a pris l'esprit public de l'autre côté de l'Atlantique ?

Nous ne quitterons pas ce sujet sans en tirer un autre enseignement qui ne vient pas moins à l'appui de nos idées.

C'est la guerre qui seule a porté une atteinte au principe décentralisateur du gouvernement américain. La constitution est sortie victorieuse de cette épreuve, mais il était permis de craindre pour elle, quand on voyait de si énormes pouvoirs concentrés entre les mains des ministres de la maison Blanche, lorsque l'organisation et la direction d'armées de cinq à six cent mille hommes étaient remises à la discrétion d'un secrétaire de la guerre, lorsqu'un secrétaire des finances émettait des emprunts et frappait de la monnaie de papier par milliards, lorsque enfin la force des choses investissait le président d'une dictature à peu près sans limites.

Honneur aux citoyens illustres qui, dans cet agrandissement de leur pouvoir, n'ont vu qu'un accroissement de leur responsabilité! Ils ont sauvé deux fois la république, par leurs victoires et par leur désintéressement; mais que la leçon ne soit perdue ni pour eux ni pour nous.

Tout sagement et habilement agencé que fût le mécanisme de la constitution américaine, le jeu de ses ressorts a failli être faussé par la guerre. Voilà ce qu'il ne faut pas oublier. Aujourd'hui encore la plaie saigne, et les traces du fléau se révèlent par l'importance et la multiplicité des impôts consacrés à l'extinction de l'énorme dette fédérale. Cette courageuse résolution de ne pas vouloir laisser aux générations à venir le fardeau des emprunts contractés par la génération actuelle, ce désir patriotique d'effacer aussi promptement que possible les traces et les souvenirs de la

guerre civile sont dignes de tous nos éloges,
quoiqu'ils s'éloignent beaucoup de nos habitudes européennes ; nous savons de plus que la per-
ception de ces taxes est laissée, autant que possible,
aux administrations locales, sans intervention
despotique ou tracassière du gouvernement central ; néanmoins, malgré le mérite de l'intention,
malgré tous les ménagements apportés dans
l'exécution de la mesure , on doit reconnaître
qu'il y a là un regrettable envahissement de fisca-
lité centralisatrice, et il faut encore mettre au
compte de la guerre cette atteinte portée à l'indépendance financière des États. Nous insistons à
dessein sur cet exemple, parce qu'il est à peu près
unique dans l'histoire de l'Union, parce qu'il vient
après un fonctionnement régulier de la constitution fédérale, pendant une période de près d'un
siècle, et parce qu'on peut regarder comme certain que, sans la dernière crise, il n'y aurait eu
aucun motif et il n'y avait aucune tendance à modifier les rapports des États dans le sens de la
centralisation.

En appliquant ces considérations à l'unité européenne, nous pouvons donc conclure que, la
cause d'un conflit social, comme celui provoqué
en Amérique par l'abolition de l'esclavage, n'exis-
tant pas en Europe, les motifs de guerres extérieures n'étant guère à prévoir, si les relations
entre les nations confédérées sont établies de manière à assurer la paix entre elles (et nous avons
montré combien il y avait de raisons de l'espérer)
la décentralisation graduelle doit être une conséquence forcée de la nouvelle constitution politique.
Le principe posé au sommet, dans le congrès central, imposera ses conséquences jusque dans la plus
humble commune. A chacun sa fonction et sa vie
propre : l'administration centrale exclusivement
chargée des intérêts généraux de la fédération, et
ne pouvant empiéter sur les droits d'administration
intérieure des États, les gouvernements intérieurs
de ces États seront amenés, à leur tour, à la reconnaissance et au respect des droits administratifs des provinces et des communes.

Tout se détendra et se simplifiera dans le jeu

de ces machines compliquées, absorbantes, op-
pressives, en dehors desquelles il n'y a aujour-
d'hui ni initiative ni mouvement ; la séve si longtemps concentrée circulera libre et féconde dans
tous les rameaux du vieux chêne rajeuni, et, par
la vertu seule du principe nouveau, il arrivera
dans l'Europe confédérée ce qui est arrivé dans
les États-Unis d'Amérique, que sans choc, sans
violence, sans contrainte, les législations les plus
diverses se fondront dans la grande et pacifique
harmonie du self-government.

Notre confiance dans les résultats de l'unité
ne va pas cependant jusqu'à croire que les choses
se fassent seules, et que le progrès s'accomplisse
de lui-même. Il faut que la bonne volonté et les
efforts de l'homme y aident. *Aide-toi, le ciel t'aidera.*

Nous reconnaissons que l'Européen actuel n'est
peut-être pas suffisamment préparé à la transformation que nous appelons ; mais ici encore nous
sommes réconfortés par l'exemple des modifications

que nous avons vues s'opérer dans les instincts et les mœurs des populations, sous l'influence de législations nouvelles, et nous croyons que l'unité porte avec elle les germes d'amélioration morale aussi bien que les éléments de prospérité matérielle.

INSTRUCTION PUBLIQUE

Les bonnes lois sont celles que les peuples font eux-mêmes, d'abord parce que ce sont celles qui sont la plus fidèle expression des mœurs, et ensuite parce que ce sont celles qui sont le plus respectées. Le respect de la loi en implique la connaissance ; l'instruction devient donc une nécessité politique en même temps qu'elle est le grand agent de moralisation.

Voici donc trois termes qui se tiennent, et dont l'union constitue en quelque sorte le moral de la société nouvelle : connaissance de la loi, participation à la confection de la loi, respect de la loi. Traduisons notre pensée en langage plus pratique, et disons, sans crainte d'être contredit, que les bases d'une société politique bien organisée sont : l'instruction publique largement répandue, la vie politique ouverte au plus grand nombre, et le respect de la loi.

Examinons maintenant dans quelle mesure l'unité est capable de résoudre le triple problème, et pour procéder logiquement, voyons d'abord quelles ressources nouvelles peuvent être ajoutées à celles consacrées en ce moment par les États européens à leurs budgets de l'instruction publique.

———

Nous n'avons point à nous étendre ici sur l'influence de l'éducation ; c'est une question qui, de nos jours, est, Dieu merci, hors de discussion ; nous ne voulons donc en dire que ce qui se rattache étroitement à notre sujet.

Nous ne ferons pas aux gouvernements monarchiques l'injure de supposer qu'ils aient entretenu systématiquement l'ignorance parmi les populations qui leur étaient soumises ; il y a des preuves de bon vouloir que nous sommes heureux de reconnaître ; on accordera cependant que presque tous ont fort peu dissimulé leur préférence pour le développement des institutions militaires, et que presque partout l'on est encore réduit à attendre l'adoption des deux mesures qui peuvent seules donner à l'enseignement public l'essor qu'il attend, à savoir, l'obligation avec la gratuité, la séparation de l'instruction proprement dite et de l'enseignement religieux.

Si cette négligence a été regrettable sous tous les régimes, on peut dire que, depuis l'introduction des principes démocratiques dans les constitutions européennes, elle est devenue un péril, une calamité. Conçoit-on l'ignorance chez un citoyen qui, par son vote, est appelé à trancher les questions les plus essentielles de la vie publique? S'imagine-t-on à quels dangers une société peut être exposée, dans des jours de révolution, lorsque ses destinées tombent aux mains d'une foule dont il est si facile de surexciter les mauvais instincts et les passions violentes?

L'instruction et la liberté doivent être inséparables, et cela, autant dans l'intérêt de l'esprit de conservation que de l'esprit de progrès. C'est ce que résumait merveilleusement un citoyen des États-Unis auquel on reprochait le positivisme et l'esprit calculateur de sa nation. « Oui, répondait-il, nous sommes toujours des marchands, des boutiquiers, comme vous dites; mais c'est parce que nous savons compter, que nous regardons comme le meilleur des placements les sommes que nous consacrons à l'instruction du peuple. » Nous verrons plus tard en effet avec quelle prévoyante générosité l'enseignement est doté dans la grande république américaine.

En Europe, dans les pays même les plus avancés, les budgets de l'instruction publique sont d'une honteuse parcimonie, comparés aux budgets de la guerre. A l'exception de l'Angleterre, les dotations privées sont partout ou nulles ou insignifiantes ; mais encore, dans ce pays, est-ce à une classe privilégiée que profitent principalement les libéralités des donateurs. Certains cantons de la Suisse, l'Allemagne du nord et du centre sont dans une position exceptionnelle que nous nous empressons de constater, mais cette supériorité relative ne fera ressortir que davantage l'éloquence des chiffres que nous allons emprunter aux statistiques les plus récentes et aux recherches des écrivains les plus consciencieux et les plus éclairés; ils sont pris généralement dans des budgets qui datent de cinq ou six ans, mais les progrès accomplis depuis cette époque ne sont pas assez importants pour changer notablement les termes de comparaison qui en ressortent, ni modifier les réflexions que ces chiffres peuvent inspirer.

————

L'Angleterre, dont nous avons déjà signalé les tendances progressives, est le pays de l'Europe qui consacre à l'enseignement public les sommes les plus considérables. Le budget général de ce département s'élève à 30 millions de francs environ; outre les fonds de l'État, ce total se compose des dotations importantes de ses établissements aristocratiques d'Oxford et de Cambridge, de nombreuses fondations destinées à la bourgeoisie et des legs particuliers, dont un certain nombre sont consacrés à l'instruction primaire, moins favorisée malgré cela, dans la répartition générale, que l'enseignement des degrés supérieurs.

La Prusse, grâce à une meilleure organisation, aux aptitudes de sa population, grâce surtout à l'adoption du principe de l'obligation, a obtenu, à moins de frais, des résultats plus satisfaisants : avant les accroissements récents de son territoire, elle ne consacrait que 7 millions au service de ses écoles et de ses universités.

La proportion économique est à peu près la même en Suisse et en Suède. Ces deux nations sont aussi les seules en Europe, où l'instruction générale ait atteint un niveau comparable à celui où il s'est élevé en Prusse.

La Belgique consacre à l'enseignement 4 millions, l'Espagne 6 et l'Autriche 5 et demi ; mais l'élément religieux étant très-étroitement lié dans ces contrées catholiques à l'enseignement général, on est disposé à attribuer à cette confusion l'infériorité très-notable des résultats obtenus et la persistance d'une honteuse ignorance au sein des campagnes.

En France, l'instruction publique a subi le

contre-coup de toutes les crises révolutionnaires
que le pays a traversées. Aux ténèbres de l'ancien
régime la Convention a voulu faire succéder une lumière trop éclatante, à laquelle les yeux n'étaient
pas préparés. Quelques-unes des fondations de
l'immortelle assemblée survécurent à la chute de
la République ; ce qui ne contrariait pas les vues
impériales de Napoléon Ier, ou ce qui flattait les
instincts de la bourgeoisie fut conservé, l'École
polytechnique, par exemple, et l'Université réorga-
nisée ; mais l'instruction primaire fut presque
aussi négligée que sous l'ancienne monarchie.
En 1809, le budget de l'instruction publique n'était
que de 4,777,495 fr. 96 cent. La Restauration
améliora quelque peu cet état de choses, mais
c'est au gouvernement de Louis-Philippe, que sont
dus les plus notables progrès. En 1838, le budget
de ce ministère était porté à 14 millions. La Révolution de 1848 l'éleva à 21 millions ; il n'est aujourd'hui que de 25 millions environ. Encore faut-
il tenir compte de la dépréciation de l'argent dans
cette modique augmentation.

Pour avoir une idée exacte de la valeur de ces
chiffres, et pour comprendre la portée des com-

paraisons que nous allons établir tout à l'heure, il ne faut pas oublier que, pour la France comme pour les autres États de l'Europe, les budgets de l'instruction publique cités par nous comprennent non pas seulement les dotations de l'enseignement primaire, mais encore les sommes allouées au service des enseignements secondaire, professionnel et supérieur. C'est ainsi que pour la France, sur le budget total de 23 ou 24 millions en 1863, il n'y avait d'affecté à l'instruction primaire qu'une misérable somme de 6,464,029 fr. 70 cent.

En regard de cette statistique affligeante mettons maintenant, comme consolation et comme exemple, le tableau des sacrifices que s'imposent d'eux-mêmes, sans aucune sollicitation des gouvernants, et sans que la charge soit trouvée trop lourde, les citoyens de l'Union américaine.

———

En rapprochant du budget de l'instruction publique le chiffre de la population de chacun des États européens que nous venons de citer, nous voyons que, pour l'Angleterre, qui paie le plus, la part afférente de cet impôt spécial est à peine de 1 fr. 10 cent. par tête. Aux États-Unis d'Amérique cette taxe s'élève jusqu'à 6 et 7 francs. Le seul État de New-York, et ce n'est pas le plus libéral, consacre à l'enseignement public 24 millions cinq cent mille francs, autant que la France entière. La ville de New-York, en 1861, donnait à ce service huit millions, c'est-à-dire quinze cent mille francs de plus que, à la même date, la France entière n'en consacrait à l'instruction primaire. Ne nous étonnons donc pas de la différence des résultats.

Les observations consignées à l'époque de la conscription constatent qu'en France, sur cent jeunes soldats appelés au service, il y en a trente qui ne savent ni lire ni écrire.

Aux États-Unis le recensement des enfants et des adultes qui fréquentent les écoles donne une proportion de un sur quatre habitants, proportion qui partout ailleurs dépasserait le chiffre total de la population de 5 à 15 ans, et qui, même dans l'Union, ne s'explique que par la fécondité des unions, et le nombre considérable d'enfants dont se composent la plupart des familles.

Les destinées incomparables de la grande République nous apprennent quelle saine et vigoureuse population elle doit à cette instruction si
largement répandue. On peut dire qu'il n'est point
un citoyen qui sorte des écoles, sans connaître les
lois et la constitution de son pays, sans en avoir
l'amour et le respect, sans avoir pris le goût
et l'habitude des affaires publiques, sans s'y intéresser comme aux siennes propres. On peut
juger des élèves par les maîtres : dans la dernière
guerre civile, treize mille instituteurs se firent
remplacer dans leurs pacifiques fonctions, ponr
aller se ranger, comme enrôlés volontaires, parmi
les défenseurs de l'Union.

Le système d'éducation adopté ne développe pas
moins le sens moral et religieux que les sentiments politiques : l'expérience faite dans tous les
États de l'Union ne peut laisser la moindre in-
certitude dans aucun esprit désintéressé et impar-
tial. La séparation de l'enseignement civil et de
l'instruction religieuse est un principe qui doit
être adopté partout où l'on voudra remplacer l'abso-
lutisme des vieux préjugés par la liberté de conscience et par l'esprit moderne de tolérance. Il est

désormais prouvé qu'aucune religion n'a rien y
perdre.

Mais l'Europe est-elle en mesure de faire pour
l'instruction publique les sacrifices que la jeune
Amérique a pu s'imposer? L'objection est sérieuse,
et pour montrer que nous ne reculons pas devant
elle, nous allons énumérer les diverses sources
auxquelles puisent le gouvernement central américain et les administrations locales, pour subvenir aux dépenses de ce service, considéré, à si
juste titre, comme le plus essentiel et le plus important de tous.

Une disposition spéciale de la Constitution a
placé, comme domaine public, sous la surveillance et l'autorité du congrès de Washington, les
vastes territoires encore inoccupés dans les divers
États, et un trente-sixième de ces territoires,
sous le nom de school-section, est affecté aux
besoins de l'enseignement. L'étendue en est telle
que, malgré les concessions de 160 acres (64 hectares 65 ares 20 centiares) auxquelles a droit chaque
colon étranger qui vient s'établir dans le pays,

malgré les espaces réservés dans les villes, ou à proximité, pour l'installation ou les agrandissements prévus d'établissements d'utilité publique, malgré les dotations accordées aux soldats, comme récompense ou comme surcroît de solde, malgré les adjudications pour parer à des besoins exceptionnels, et les larges concessions offertes comme encouragements aux constructeurs de chemins de fer, ce fonds de réserve, en quelque sorte inépuisable, laisse encore au gouvernement central de puissantes ressources pour entretenir et activer les développements de l'instruction publique. Procédant avec mesure et sagesse, de façon à ne rien compromettre par une imprévoyante prodigalité, quand une demande motivée lui est adressée par un État, il est voté, au profit de cet État, l'aliénation d'une étendue plus ou moins considérable de terres fédérales; c'est ainsi que l'État de Californie obtenait, en 1865, la disposition de cinq cent mille acres. Telle est la participation du gouvernement central aux dépenses de l'enseignement.

Quant aux États, le soin est laissé à leur législature de fixer, d'après les documents qui lui sont soumis, le chiffre des dépenses de ce service. C'est celui dont la part est faite avec le plus de soin, et toujours avec grande générosité, dans le budget général de chaque État. La somme fixée, prise sur les taxes locales, et grossie du produit de la vente des terres fédérales, est alors répartie entre toutes les communes; cette répartition est faite avec un soin, une équité et un empressement qui augmentent encore la puissance des ressources.

Qu'on ajoute à l'ensemble de ces moyens d'action les œuvres de l'initiative individuelle, ou d'associations privées, des legs très-importants et très-nombreux, des dons princiers comme ceux du banquier Peabody, des fondations comme celles du collége Gérard à Philadelphie, de l'institution Cooper à New-York et de tant d'autres, et on se rendra compte des résultats obtenus par cette vigoureuse et patriotique organisation.

L'Europe, hélas ! nous le savons trop, n'a pas en réserve des millions d'hectares de terres vacantes, dont elle puisse disposer au profit de ses écoles, et sur notre continent, il y a peu d'espoir de rencontrer des millionnaires qui, comme Gérard de Philadelphie, élèvent des palais de marbre à l'enseignement ; nous avons expliqué pourquoi il y avait peu à compter sur l'initiative individuelle. Nous reconnaissons tout cela, mais c'est précisément parce que nous sommes pénétrés de ces tristes vérités, c'est parce que nous avons mesuré la force de ces obstacles à tout progrès, que nous poursuivons la réforme du régime où ils se sont enracinés.

Sous ce régime, il est impossible d'espérer une augmentation des budgets de l'instruction publique, qui les mette au niveau de la mission qu'ils ont à accomplir. A toutes les réclamations on répond, non par des refus positifs, mais par des fins de non-recevoir tout aussi décourageantes. Les impôts, déjà si lourds, suffisent à peine aux dépenses de services considérés tous comme plus indispensables qu'un accroissement de la dotation de l'enseignement. Où trouver, par exemple, les 160 millions qui seraient nécessaires pour mettre l'instruction publique, en France, dans une situation à peu près pareille à celle qui lui a été faite aux États-Unis ? A cette question, qui paraît aujourd'hui si radicalement insoluble, le système unitaire nous donne une réponse facile. La suppression des armées laisse dans les coffres de l'État une somme bien supérieure aux 160 millions que nous réclamons*. Pas d'économie sur ce chapitre ; faisons-nous, dans cette affaire, spéculateurs à la façon américaine ; l'argent des contribuables sera bien placé.

Dans la discussion de la nouvelle loi proposée par le gouvernement français, et discutée au Corps législatif en mars 1867, loi d'ailleurs inspirée par un certain esprit de progrès, il a été reconnu qu'une augmentation de 18 millions, au budget de l'instruction publique, serait néces-

---

*Ce chiffre de 160 millions n'est pas un chiffre arbitraire, il représente une taxe de 4. 25 environ par habitant ; ce qui, eu égard à la plus-value de l'argent en France, est à peu près l'équivalent des taxes américaines qui varient de 6 à 7 francs.

saire, pour assurer la gratuité de l'enseignement primaire dans toutes les communes de l'Empire. Un amendement demandait que ce total de 18 millions fût partagé en trois parts égales, dont deux incomberaient aux budgets des départements et des communes, de telle sorte que le budget général ne serait grevé que de 6 millions.

La gratuité a paru trop chère à ce prix, et l'amendement a été repoussé à une grande majorité.

L'ensemble de cette discussion, dans le parlement français, a prouvé une fois de plus combien il est difficile de sortir des vieux errements, et avec quelle étroitesse de vue cette grande question de l'instruction publique est encore envisagée. Chaque orateur, sans en excepter les organes du gouvernement, a reconnu l'infériorité regrettable de l'enseignement en France, et l'insuffisance des ressources qui lui sont consacrées; mais, dans un budget de deux milliards deux cents millions, c'est par milliers de francs qu'on a marchandé les allocations nouvelles qui étaient demandées. La gratuité, cette dette sacrée de l'État, cette application de l'égalité, dans ce que le principe d'égalité a de plus légitime, a été discutée comme un privilége, elle a été repoussée comme une substitution de l'État aux charges et devoirs des pères de famille. Le principe de l'instruction obligatoire, quoiqu'il compte, dit-on, au sein de l'assemblée, quelques timides partisans, n'a pas même été posé, tant ceux-ci craignaient sans doute de compromettre, par une aussi exorbitante prétention, les chétives améliorations contenues dans la nouvelle loi.

On a considéré comme une hérésie l'assimilation de l'instruction à la justice et aux cultes, dont la gratuité est reconnue à titre de service public. Cette assemblée, qui n'aurait pas entendu sans colère placer la gloire ou la moralité du pays au-dessous de la moralité ou de la gloire de toute autre nation, s'est laissée tranquillement reprocher de faire moins pour l'instruction, au nom de la France entière, que la seule ville de New-York pour ses administrés !

Et cependant combien de cœurs honnêtes et d'esprits élevés dans cette réunion des représentants d'un grand peuple ! Pas un d'eux n'a fait cette réflexion, qui aurait dû leur être inspirée tout au moins par leurs habitudes charitables : Quand je suis en face d'un mendiant, si mon aumône reste dans ma main, c'est parce que je crains qu'elle soit mal placée, qu'elle ne serve qu'à encourager l'oisiveté ou le vice : le mendiant ici, c'est le peuple qui implore l'instruction, je sais que mon aumône sera bien placée; votons donc, ne fût-ce que par esprit de charité.

N'abordant qu'incidemment cette importante question de l'enseignement, nous ne pouvons l'approfondir dans tous les détails qui s'y rattachent; il est cependant un point que nous ne saurions passer sous silence, c'est le sort des instituteurs. Une partie notable des ressources que procurerait l'organisation unitaire doit être consacrée à améliorer leur condition. Quand on ne le ferait point par esprit de justice, on doit apprécier tout ce que la considération, dont un fonctionnaire est entouré, ajoute au succès de la mission qui lui est confiée. Or, dans beaucoup de localités, dans les campagnes surtout, l'importance d'un emploi se mesure sur l'élévation des émoluments qui y sont attachés. Si, comme il arrive trop souvent, vous faites de l'instituteur le subordonné des magistrats municipaux, le chantre et le sacristain de la paroisse, son existence besoigneuse et précaire lui enlevant toute indépendance, toute autorité, quelle sera son influence sur les enfants dont il doit se faire obéir et respecter? quel sera le prestige de l'instruction, quand on aura constamment sous les yeux les misères de celui qui est chargé de la répandre? Il faut que dans un village, celui qui forme les citoyens soit le premier après celui qui les administre. Au maire élu la première place, et la seconde à l'instituteur.

Il n'y a, ce nous semble, rien d'inexécutable dans cette partie de notre programme; elle ne fait que reproduire des vœux bien souvent formulés par d'autres que par nous, et parmi ceux qui ont invoqué, avant nous, le témoignage des expériences faites en Allemagne et en Amérique, ou cité les chiffres comparatifs que nous avons reproduits, on compte des personnages officiels et des ministres spéciaux, dont les aveux en pareille matière ne sauraient être suspects.

Ce premier pas qui, dans l'Europe unifiée, ne devrait rencontrer aucune opposition sérieuse, est cependant le plus décisif dans la voie du progrès.

Quand l'instruction nous aura donné des hommes ayant une notion exacte du juste et du bien, prémunis par des connaissances suffisantes contre les préjugés qui faussent le jugement, préparés aux diverses carrières qui s'ouvrent devant eux, selon leur position et leurs aptitudes, ils auront cette dignité que donne la conscience de sa propre valeur ; ils connaîtront les lois de leur pays ; l'histoire leur aura appris à les comparer avec celles des autres peuples; ils auront donc tout ce qui constitue le citoyen, et s'ils ne le sont pas encore, ils le deviendront.

Dans quelles conditions s'effectuera cette évolution politique, voilà ce que nous n'avons point à prévoir. Qu'elle soit lente ou rapide, graduelle ou subite, peu importe. Ce qui est certain, c'est

que l'instruction appelle infailliblement la liberté.
Le despotisme n'est possible qu'avec l'ignorance.

Les citoyens, ainsi formés, obtiendront donc
tôt ou tard le droit légitime de participer à l'administration des intérêts publics. Cette participation de tous aux intérêts du pays, c'est la fin
des priviléges, c'est l'égalité dans la loi. Partout
où la loi est égale pour tous, elle est respectée.
C'est un fait dont la constatation est facile ; et
pour s'en rendre compte, il n'est pas même besoin
d'aller chercher les exemples au delà de l'Atlantique.

Quoique le respect de la loi laisse, en général,
beaucoup à désirer sur notre continent, il y a,
dans la législation de presque tous les États de
l'Europe, quelque chapitre où s'est réfugiée la
pratique de l'égalité. En Angleterre, les lois qui
consacrent la liberté individuelle sont conçues
dans cet esprit; le domicile du bourgeois et de
l'ouvrier est inviolable comme celui du lord ;
aussi combien sont rares les actes de rébellion
contre l'application de la loi, et combien de fois

n'a-t-on pas donné en exemple à ses turbulents voisins la soumission de John Bull devant le simple bâton du constable !

En Prusse, les règlements administratifs ont une rigidité disciplinaire qui devrait les rendre odieux; leur impartialité les fait accepter sans protestation.

En France, enfin, où les susceptibilités sont si vives, où la critique aime tant à s'exercer, pourquoi la discipline militaire est-elle subie avec une docilité si facile, si absolue? C'est que, dans l'armée, la loi est égale pour tous, et à tous les dégrés de la hiérarchie. Ce qui rend légère au soldat l'obéissance envers son caporal ou son sergent, c'est l'obéissance du colonel en face de l'ordre d'un général.

Au lieu de ces cas particuliers, supposons un ensemble de lois, une constitution tout entière inspirée des principes d'égalité, et cette soumission partielle, que nous trouvons chez les populations les plus indisciplinées de l'Europe actuelle, nous l'obtiendrons facile et complète, quand l'Europe confédérée aura mis ses lois en harmonie avec sa nouvelle organisation politique.

ÉMIGRATION

Si notre pensée est que des hommes pénétrés,
dès leur enfance, des mêmes principes, façonnés
ensuite par des institutions semblables, arrivent
à un égal développement intellectuel et moral,
nous sommes loin de contester les différences qui
peuvent surgir de la diversité des conditions sociales dans lesquelles ils seraient placés.

Ce que les institutions fédérales ont fait des
populations d'origine si diverse répandues dans
les trente-six États de l'Union américaine, nous
croyons que l'organisation de l'unité le ferait des
peuples du continent européen. L'instruction largement répandue, la suppression de toute éventualité de guerre, l'essor libre donné aux travaux
de la paix développeraient incontestablement la

moralité, l'initiative individuelle et le sentiment politique, de ce côté de l'Atlantique, comme cela a lieu sur l'autre rive; mais nous ne nous dissimulons pas que les conditions ne sont pas les mêmes ici que là-bas, pour l'avenir du travailleur, et qu'en Europe un champ bien plus limité reste ouvert à l'activité des générations futures.

Dans notre précédent ouvrage, *une Solution*, nous avons exposé avec quelle rapidité se rétrécit, d'année en année, l'espace sur lequel est appelée à se mouvoir la population européenne. Sans revenir sur tout ce que nous avons dit à ce sujet, il est cependant urgent de rappeler que pendant que le nombre d'habitants, par myriamètre, atteint dans certains États de l'Europe, la Saxe et la Belgique par exemple, le chiffre vraiment effrayant de 14 et de 16 mille, il n'est encore aux États-Unis que de 300 habitants et de 120 au Brésil, pour la même étendue de terrain. Il y a là une inégalité dont il serait puéril de ne pas tenir compte.

L'Europe affamée pourrait avoir banni de son sol

le fléau des anciennes guerres, et rester exposée
au péril des guerres sociales. Sans même pousser
aussi loin de légitimes appréhensions, il y aurait
lieu de craindre que l'harmonie ne fût difficile à
établir entre l'opulence de quelques-uns et les
misères du plus grand nombre. Aux États-Unis, à
tout homme qui demanderait du pain on pourrait
toujours répondre : Voici une maison à bâtir, voici
un champ à cultiver. Le chômage des industries,
l'encombrement des produits manufacturés n'offrent pas de périls sérieux, quand des ressources
aussi inépuisables sont toujours à la disposition
des bras inoccupés, quand, selon la formule des
économistes, entre l'offre et la demande, la balance
est toujours en faveur du travail. L'Europe moins
favorisée, n'a point cet exutoire pour le flot qui
monte, cette soupape de sûreté contre les conden-
sations de l'envie de la haine et de la faim.

Il y a dans les dispositions des classes laborieuses, en Europe, des symptômes qu'il n'est pas permis de méconnaître. Dans les grèves d'ouvriers,
coalitions, congrès, revendications turbulentes ou
pacifiques, il y a sans doute des défiances injustes et
des prétentions inadmissibles ; mais les alarmes

pour le présent fussent-elles sans fondement, ne faudrait-il pas y chercher comme un pressentiment de l'avenir ? Sommes-nous bien assurés en effet que ce qui peut nous paraître aujourd'hui encore souverainement injuste, ne sera pas en quelque sorte légitimé, dans un délai plus ou moins rapproché, par une de ces nécessités inexorables contre lesquelles est impuissant tout recours au raisonnement et à la modération.

La civilisation, en augmentant les besoins de l'homme, doit lui fournir les moyens de les satisfaire. L'Europe sera-t-elle longtemps encore en mesure de maintenir cet indispensable équilibre ? Il y a déjà presque un demi-siècle que sa production en céréales est insuffisante. L'extension qu'on peut donner à l'élève du bétail est loin de répondre à l'augmentation toujours croissante de la consommation de la viande. La conséquence forcée de la rareté d'un produit est l'accroissement de sa valeur ; la vie matérielle est donc destinée à devenir de plus en plus coûteuse.

Ces besoins ne sont pas les seuls ; l'homme moderne a d'autres soucis, d'autres ambitions. Dans

ce monde, qu'il arrose de ses sueurs et qu'il féconde, devra-t-il se résigner à ne posséder jamais
que les six pieds de terre où il sera enterré ? En
Europe, si rien ne change, chaque jour verra grossir le nombre de ceux dont cette destinée est l'unique perspective. Faut-il attendre que le problème
soit posé un jour par des millions d'hommes pous-
sés au désespoir par cette conviction terrible ?

———

Cette préoccupation est la nôtre depuis longtemps, nos précédents travaux en font foi, et si, aujourd'hui, nous nous attachons aussi fortement à
l'idée de l'unité européenne, c'est parce que nous
croyons voir en elle une exécution plus facile des
seules mesures capables de conjurer les périls que
nous redoutons.

Il semble d'ailleurs que, dans cette partie de la tâche que nous entreprenons, nous ayons été devancés
par les indications de la Providence elle-même. Depuis longtemps l'esprit d'aventures et les relations
commerciales ont distribué des groupes européens
sur les points les plus éloignés du globe. Lorsque le
désir de se soustraire à l'intolérance religieuse et à

l'oppression politique eut réuni, de l'autre côté de
l'Océan, les premiers éléments de la colonie qui devait devenir la grande république américaine, le
spectacle de prospérités inouïes attira vers cette
terre privilégiée un courant d'émigration de plus
en plus considérable. Toutefois, cet écoulement
du trop-plein de l'Europe, n'ayant d'autre principe
et d'autre règle que des convenances personnelles, était loin de répondre à des difficultés à peine
entrevues. C'est comme à la veille d'une révélation
plus alarmante, que deux faits d'une importance capitale se sont produits :

Au milieu de l'Océanie, un vaste continent inex-
ploré, l'Australie, n'était guère connu que comme
le pénitencier de l'Angleterre ; d'autre part, entre
les établissements anglais du haut Canada et les
anciennes possessions espagnoles, s'ouvrait, sur la
rive occidentale du Pacifique, une baie ignorée,
donnant accès sur un territoire récemment acquis
par l'Union américaine et à peine peuplé, la Californie.

Tout à coup, au milieu des préoccupations d'une
crise révolutionnaire, en 1848, le bruit se répand
en Europe que des pépites d'or ont été trouvées

dans le lit des rivières de ces pays perdus.
L'or, ce mot magique des temps modernes, était
prononcé, le monde céda à la toute-puissante at-
traction. Des expéditions s'organisèrent avec un
empressement fiévreux dans tous les ports. En-
vahies par les émigrants de la métropole, Mel-
bourne et Sydney se transformèrent en véritables
capitales ; l'humble village de Yerba-Buona, qui
comptait à peine quelques centaines d'habitants,
empruntant le nom de la vaste baie sur le rivage
de laquelle ses masures étaient éparses, devint la
ville de San Francisco, ville de 125,000 âmes, aujourd'hui la dominatrice du Pacifique, la tête désignée de la ligne de fer qui traversera dans
toute sa largeur le continent américain, en-
trepôt futur du commerce des territoires russes de l'Amour, des îles de l'Océanie et des
empires de l'extrême Orient ; et cette baie visitée
naguère par quelques rares baleiniers, reçut des
flottes entières, débarquant chaque jour par milliers, sur ses rivages encore dépourvus d'habita-
tions, les chercheurs d'or que lui envoyaient l'Europe, l'Asie et l'Amérique elle-même.

Nous n'avons point à faire ici l'histoire de ces
colonisations aussi rapides que fécondes ; ce que
nous désirons, c'est attirer l'attention de nos lecteurs sur les résultats de ces émigrations, effec-
tuées dans des conditions qui ne s'étaient point
encore produites. Que devait-on attendre de ces
agglomérations d'aventuriers, réunis par le hasard, et n'ayant de commun que la violence de
leurs passions et de leur cupidité ? quelles lois,
quelle discipline eussent pu mettre un frein à ces
perve rsités déchaînées? Il y eut bien en effet quelques désordres au début, mais ce furent comme
les derniers bouillonnements du vieux levain. En
face de cette nature, qui récompensa les premiers
efforts du travail, l'instinct de sociabilité préva-
lut. Une transformation s'opéra dans les esprits;
à la soif ardente de l'or succéda un désir plus
calme et plus légitime du bien-être, qui s'offrait
sous des formes inespérées. Des comptoirs et des
magasins s'élevèrent, là où avaient campé les
pionniers des premiers jours ; des fermes s'éta-
blirent à côté des gîtes aurifères, et il arriva sou-

vent que le produit des champs fut supérieur à celui de la mine.

Les convicts de Botany-Bey ne furent pas plus rebelles que les colons californiens à l'influence civilisatrice qui les envahissait; c'est ainsi, qu'en moins de quinze ans, ces hordes affamées, attirées par l'appât de quelques lingots, sont devenues des populations laborieuses, tolérantes et paisibles. Les diversités de race s'effacent dans le respect commun des lois qu'elles se sont données; l'exploitation de l'or, qui n'est déjà plus qu'une industrie secondaire, aura peut-être disparu avant un siècle; il restera deux vastes pays fécondés, et deux peuples régénérés, tant il y a de puissance moralisatrice dans la liberté et dans le travail.

Les émigrations dont nous venons de parler, celles surtout qui ont eu pour but les territoires de l'Union américaine, ont eu encore un autre résultat très-important à signaler : elles ont contribué puissamment à l'effacement du préjugé qui rivait l'homme au lieu de sa naissance. Une sentence, que la littérature des anciens nous a conservée, prouve que de tout temps ce préjugé avait rencontré des adversaires : *ubi benè*, *ibi patria*. Là où je suis bien, là est ma patrie, disait-on déjà dans la Rome antique, mais cette maxime n'était que difficilement acceptée par les modernes. A l'exception des Anglais, qui ont une aptitude particulière pour se créer partout une autre Angleterre, les Européens ne s'expatriaient guère sans espoir de retour; on consentait à sacrifier quelques années de sa vie à de lointaines entreprises, mais avec le projet de revenir au pays natal jouir de l'aisance qu'on espérait acquérir. Dans de nombreuses contrées de l'Europe s'est conservée la tradition de ces émigrations temporaires; les Basques, les Piémontais, les habitants de la Savoie et de l'Auvergne exploitent des industries nomades, qui ne leur font jamais perdre de vue le clocher de leur village. Les conditions d'existence offertes aux émigrants par le régime américain, la sécurité, l'indépendance et le bien-être assurés à tout homme honnête et laborieux ont notablement modifié les anciennes idées.

Ce n'est plus un coup de tête, une résolution passagère qui déterminent la plupart de ceux qui partent. Ce n'est plus un aventurier isolé qui s'embarque à la recherche de l'inconnu ; ce sont des familles entières et des groupes de familles qui, après avoir mûri longtemps leur projet, et s'être entourés des renseignements les plus précis, disent un éternel adieu à la terre où la vie leur est trop rude. Au bout de quelques années, après épreuve faite, ils appellent à leur tour ceux qu'ils ont laissés derrière eux, et aux hésitations desquels ils peuvent opposer l'exemple de leur réussite. C'est ainsi que, chaque année, se grossissent de plusieurs centaines de mille de nouveaux membres les colonies irlandaise et allemande des États-Unis.

———

Quoique souvent des fortunes considérables aient été réalisées en Amérique par ces hommes qui avaient fui la misère en Europe, nous sommes trop ennemis de l'exagération et du roman, pour laisser croire que ce soit la règle générale. La grande opulence est l'exception partout, mais, ce que l'Amérique offre plus que l'Europe, c'est la rémunération suffisante d'un travail toujours assuré ; c'est, pour le cultivateur qui a quelques épargnes, la possession du sol qu'il aura cultivé. On a pu relever approximativement le total des sommes envoyées chaque année en Europe par les colons irlandais et allemands ; ce chiffre est très-considérable et se nombre par millions. Nous ne voulons ici en tirer qu'une conséquence, c'est que, si ces expatriés étaient tourmentés du besoin de revoir leur pays natal, ce n'est pas par l'impuissance d'y revenir qu'ils seraient arrêtés. Or combien peu en voyons-nous renoncer à leur nouvelle patrie !

La dernière guerre civile n'a ni effrayé ni découragé ces nouveaux citoyens de l'Union. Ils rendent en affection à ce sol le bien-être qu'ils en ont reçu. Ceux mêmes que d'impérieuses nécessités ramènent en Europe ne peuvent se détacher entièrement de ce grand pays, aux prospérités duquel ils ont été associés.

Naguère les journaux de San Francisco souhaitaient, en termes touchants, la bienvenue à un illustre Italien qui abordait pour la troisième fois le territoire de la république. Le colonel Cipriani, consul du Piémont, quitta San Francisco, pour prendre part aux luttes de l'indépendance italienne. Son courage et son dévouement lui méritèrent le grade de général, le titre de comte et un siége au sénat. C'était prodiguer les séductions à un patriote qui avait montré combien son Italie lui était restée chère. M. Cipriani sollicita et obtint de son souverain une autre faveur aussi précieuse pour lui que toutes les autres, une mission pour Washington, un prétexte pour aller revoir son autre patrie.

Ce n'est donc point un exil que le séjour sur une terre qui peut inspirer de pareils attachements. Si l'émigration doit être le salut de l'Europe, on peut conseiller l'héroïque remède, sans être accusé de dureté et de barbarie. Pour nous, qui avons acquis cette double conviction, 1° que l'émigration, dans des proportions très-considérables, sera, avant un siècle, une inévitable nécessité pour l'Europe, 2° que l'émigrant pourra trouver en Amérique ce que notre vieux continent encombré ne sera plus en état de lui fournir, le travail et le bien-être, nous avons conscience d'accomplir un devoir, en préparant dès aujourd'hui les esprits à cette énergique mesure.

Nous avons vu dans ces derniers temps des souverains, plus jaloux de l'importance apparente de leur autorité que du bonheur réel de leurs sujets, s'opposer par des mesures rectrictives au mouvement de l'émigration. Les peuples ont leur vanité comme les princes, et dans le sentiment d'antagonisme qui les anime, on peut craindre qu'ils ne voient aussi un amoindrissement dans la diminution du nombre des affamés resserrés entre les mêmes frontières ; c'est donc là encore un de nos motifs de défiance contre le régime actuel.

———

Dans la constitution de l'unité européenne, nous espérons trouver de grandes facilités pour la solution du problème, si essentiel à nos yeux, de l'émigration.

Il est évident d'abord qu'aucun intérêt parti-

culier ne venant plus alimenter les vieilles rivalités, peuples ni princes ne songeraient à exagérer,
par des mesures injustes, l'importance factice de
telle ou telle nationalité, aux dépens du bonheur
des populations. Toutes les questions d'un intérêt
européen relevant de l'autorité centrale, c'est
sous ses yeux que seraient déposés les rapports
et statistiques concernant l'abondance ou la rareté du travail, l'insuffisance des récoltes et le
recensement des populations. Au lieu de documents rédigés d'après des procédés différents et
à un point de vue restreint, on aurait de lumi-
neux résumés, embrassant l'ensemble, et portant
avec eux un enseignement dont les esprits les
moins ouverts seraient frappés. Croit-on, par
exemple, que l'opinion publique resterait aussi
indifférente qu'elle l'est aujourd'hui, si, au lieu
des publications de quelques savants, accessibles
seulement à un petit nombre de lecteurs, et
n'inspirant qu'une confiance limitée, à cause de
leurs nombreuses contradictions et de l'origine
incertaine des pièces produites, chaque année,
un rapport officiel, rédigé sous la direction du
pouvoir central, et d'après des statistiques incon-

testables, annonçait à l'Europe de combien de millions d'âmes la population générale s'est accrue, combien il a fallu demander à l'étranger de millions d'hectolitres de blé ou de farine, quelles ont été, pour les principales industries, les alternatives d'activité et de chômage ? Il n'y aurait point à fermer les yeux devant l'évidence de ces chiffres, et chacun saurait en tirer les conséquences.

C'est alors que la mission du pouvoir unitaire aurait une importance décisive ; c'est ici que ce matériel naval, devenu inutile par la suppression de la guerre, retrouverait un bienfaisant emploi. Nous avions réservé cette question lorsqu'elle s'est présentée à nous dans l'inventaire de toutes les richesses, dans la possession desquelles les peuples rentreraient par le bienfait de la paix ; c'est ici que nous avons à nous expliquer sur l'usage que nous comptons en faire. Cette solution est indiquée dans le précédent ouvrage, déjà souvent cité par nous ; il y a en effet trop de rapports entre les sujets traités dans les deux livres, et nos convic-

tions, résultat d'une longue expérience et de per-
sévérantes recherches, sont trop immuables, pour
que ces répétitions ne soient pas naturelles et
inévitables ; nous ne reproduisons donc que ce
qui est indispensable à la déduction de nos raisonnements, réservant, dans l'exposition des mêmes idées, des développements plus étendus aux
considérations qui se rattachent plus directement
au problème de l'unité.

Si nous acceptons les chiffres, qui ressortent des
diverses statistiques publiées sur le mouvement
de la population européenne, nous trouvons que
son accroissement est de trois millions d'âmes
environ par année, et que l'émigration diminue
ce chiffre à peine d'un dixième. Pour peu que les
choses restent dans l'état actuel, pendant quelques années, l'encombrement se fera sentir de
plus en plus.

Quand l'imminence du péril se sera révélée
dans toute sa gravité, le moins qu'on pourra faire,
sera de proportionner l'importance des émigrations à celle de l'accroissement de la population ;

c'est donc au transport annuel de trois millions d'individus au moins qu'il faudra aviser et pourvoir.

La direction supérieure de cet important service étant confiée au pouvoir central, dépositaire et appréciateur des rapports dressés dans chacun des États, il aura décrété la transformation des anciennes marines de guerre en flottes de transport, appropriées, avec tous les soins désirables, à leur nouvelle destination.

Les ports d'embarquement auront été désignés, et le nombre des bâtiments fixé, selon le nombre des émigrants et la proximité de leur point de départ. Là ne se bornerait pas le rôle du pouvoir fédéral. Si l'émigration est une nécessité pour l'Europe, elle est un bienfait pour les contrées relativement désertes vers lesquelles elle est dirigée. Les gouvernements du continent américain, et, à leur tête, celui des États-Unis, le plus important, appellent de tous leurs vœux, et même au prix des plus grands sacrifices, le concours de colons européens. Il y aurait donc, dans ce but,

des relations d'un ordre tout nouveau à établir,
et il est aisé d'entrevoir quelle féconde et puissante action pourrait exercer une autorité trai-
tant et agissant au nom de la confédération européenne tout entière.

Qu'y a-t-il, dans l'état actuel, de comparable à
l'étendue des ressources que pourrait déployer
une pareille combinaison des forces humaines,
pour l'exécution de certains grands travaux, dont
l'exécution semblerait aujourd'hui chimérique !
Alors, un grand équilibre de forces, un concert
de volontés fécondes s'établira, entre le continent
européen, organisé unitairement, et le continent
américain, dont l'unité se complétera. Car la
grande république est destinée à absorber dans
son système fédératif tout ce qui reste en dehors
d'elle, sur cet immense continent. Ce ne sera pas
l'œuvre de la conquête, et des lignes de démarcation plus ou moins accentuées sépareront encore,
pendant plus ou moins longtemps, les possessions
de la race anglo-saxonne et celles des races espa-
gnole et portugaise, mais la suprématie de l'An-

glo-Saxon, si incontestable dès aujourd'hui, s'é-
tendra de proche en proche, par l'influence du
commerce, de la civilisation et de la politique. Les
intérêts, dominant de plus en plus les antipathies
et les passions, seront les premiers à solliciter un
protectorat qui leur assure l'ordre et la sécurité.

Il y aura donc alors, de chaque côté de l'Océan,
un grand pouvoir, sans force pour le mal, et tout-
puissant pour le bien. Entre les deux fédérations,
pas un motif de froissement, pas un germe d'hostilité, mille raisons, au contraire, pour entretenir
l'harmonie et les relations les plus sympathiques.
Quelle solidarité d'intérêts n'établirait pas, entre
les deux continents, cette large infusion annuelle
du sang européen! quel mouvement d'échanges!
quelle somme de rapports nouveaux! quel besoin
de rapides et incessantes communications! quels
prodiges, quelles conquêtes sur la nature, quelles
transformations ne pas attendre de l'accord de
deux pouvoirs, résumant en eux tous les instincts pacifiques et fraternels, toutes les énergies
fécondes du monde civilisé!

Il ne faut pas croire, qu'en déroulant ces splendides perspectives, nous nous laissions entraîner par un enthousiasme inconsidéré ; il n'est pas une de nos pensées, qui ne s'appuie sur l'analyse de faits dont nous avons été le témoin. L'étude des causes, qui ont porté à un si haut degré la grandeur et les prospérités de la république américaine, pénétrerait d'une conviction égale à la nôtre quiconque voudrait s'y livrer dans les mêmes conditions d'impartialité et de désintéressement.

Si nous avions découvert dans le caractère des populations américaines des qualités spéciales, des aptitudes exceptionnelles, auxquelles on pût attribuer la persistance de leur fortune, nous ne rêverions pas, pour l'Europe, une assimilation que contredirait la nature même des choses ; mais la population américaine, ne nous lassons pas de le répéter, est une population toute européenne par ses origines, ses mœurs, son langage et sa religion. En poussant plus loin la comparaison, on trouverait même que la rudesse des travaux, auxquels ont été soumis les colonisateurs de l'Amérique, ont émoussé chez eux cet esprit de sociabilité, cette délicatesse de sentiments, qui restent le privilége de l'Européen. Tout ce qu'ils ont de supérieur, ils le doivent donc à leurs institutions et à l'immensité du pays qu'ils habitent, c'est-à-dire à la liberté qu'ils ont de se mouvoir dans toutes les conditions de la vie.

Y a-t-il impossibilité pour l'Europe, dont le malaise et les souffrances frappent tous les yeux, à régler ses destinées futures sur l'exemple que lui offre l'Amérique? Nous ne le croyons pas.

Lorsque Napoléon Ier, jetant un regard prophétique sur l'avenir, disait que l'Europe était destinée à devenir républicaine ou cosaque, il avait l'intuition de la transformation que nous voyons approcher; mais ce n'est pas lorsque la Russie fait, par l'émancipation des serfs, par les encouragements donnés à l'industrie, par la création de ses chemins de fer, de si louables et de si grands efforts pour échapper à la barbarie, que nous avons à craindre de devenir cosaques; la seconde éventualité est donc infiniment plus pro-

bable. L'Europe républicaine c'est une première
assimilation de notre continent au continent américain; l'autre, c'est-à-dire un espace suffisant
donné aux besoins et à l'activité des populations,
c'est à l'émigration seulement qu'il est permis de
la demander. Sur ce dernier point nous avons
indiqué sommairement des moyens d'exécution,
que les progrès de la science ne peuvent que
rendre de plus en plus réalisables.

———

Faut-il ajouter que les contrées ouvertes à l'é-
migration ne sont plus séparées de nos ports que
par une navigation de quelques jours, qu'elles
répondent à toutes les latitudes de notre continent, qu'elles se prêtent à toutes nos cultures,
que leur salubrité et leur fertilité sont éprouvées
et reconnues, et qu'enfin leur étendue suffirait à
alimenter une population trente fois plus considérable que celle de l'Europe ? Tout cela est in-
discutable et exposé avec détails circonstanciés et
authentiques dans de nombreux ouvrages spéciaux auxquels nous renvoyons nos lecteurs. Nous
revenons à notre programme et, après avoir bien

établi notre but, l'unité fédérative européenne, après avoir démontré sa nécessité, indiqué les inconvénients auxquels elle remédie et les heureux résultats qu'on doit en attendre, après avoir discuté les préjugés et les intérêts qui se ligueront contre cette réforme, après avoir passé en revue toutes les objections prévues de l'égoïsme et de la routine, il nous reste à donner un aperçu de l'organisation politique que nous croyons nécessaire à la réalisation des points capitaux de notre système.

————

Nous nous éloignerons aussi peu que possible des données qui règlent aujourd'hui la politique européenne ; libre au lecteur de ne voir dans notre plan qu'une ébauche timide et incomplète ; nous entrevoyons aussi d'autres horizons, mais la portée d'une réforme doit se mesurer autant par ce qu'elle promet que par ce qu'elle donne. Si l'unité peut nous donner d'abord la suppression des armées, éloigner toute possibilité de guerre, abaisser les barrières qui séparent encore les peuples, n'y a-t-il pas là de quoi nous permettre d'attendre patiemment le reste?

ORGANISATION UNITAIRE

Nous n'avons point à rappeler à nos lecteurs les antécédents que compte déjà, en Europe, l'application du système fédératif; nous avons eu assez souvent occasion, dans les pages qui précèdent, de citer la confédération suisse et la diète de Francfort. Comme exemples plus récents, nous pouvons ajouter le Reischgrat autrichien et le nouveau parlement du Nord, convoqué par la Prusse, à la suite des remaniements territoriaux, résultats de la guerre de 1866.

Les paroles prononcées par Napoléon III le 14 février de l'année suivante, dans son discours d'ouverture des chambres, et celles par lesquelles le roi de Prusse a inauguré le nouveau parlement allemand le 24 février 1867, ont une signification que nous avons déjà relevée, elles prouvent que le pressentiment d'une confédération des États européens a déjà pénétré jusque dans les cabinets des souverains. On est donc pleinement autorisé à entrevoir la réalisation d'une idée, quand elle a conquis de si nombreuses et si importantes adhésions.

Tout en croyant à l'acceptation plus ou moins éloignée de cette réforme, nous avons déjà déclaré que nous ne voulions pas essayer de prévoir à la suite de quelles crises cette transformation s'opérerait. Il y a cependant une hypothèse que nous pouvons admettre, parce qu'en donnant cette base pacifique à notre système, nous montrerons avec quelle facilité, et au milieu de quelle tranquillité, il pourrait se fonder. Il a trop souvent été question de congrès, dans ces derniers temps, pour qu'il soit interdit d'admettre que ce projet puisse un jour se réaliser. Les solutions par la guerre ont été trop souvent impuissantes pour qu'on n'essaye pas, une fois, de résoudre par la paix des difficultés jusqu'ici insolubles.

Nous supposerons donc que les souverains d'Europe ou leurs plénipotentiaires, réunis dans un but de pacification et de réorganisation, se sont mis d'accord sur les points litigieux qu'ils avaient à régler. La modération a prévalu dans les prétentions de chacun, un frein a été imposé aux ambitions turbulentes et, grâce à de mutuelles concessions, satisfaction a été donnée à tous les intérêts légitimes. De plus il a été décidé que, pour assurer l'exécution des conventions arrêtées, pour fixer les interprétations douteuses, ou pour trancher les complications nouvelles qui pourraient surgir, chaque État entretiendrait, au siége du gouvernement central, un ou plusieurs délégués à titre de députation permanente. Ne serait-ce pas la première ébauche d'un congrès européen, et, dans l'état actuel des esprits, où est l'improbabilité d'une semblable combinaison ?

—————

Poursuivons l'hypothèse : Le succès a couronné cette heureuse tentative. De même que la guerre engendre la guerre, la durée de la paix assure la paix. Les peuples voient donc s'éloigner, de jour en jour, les éventualités de conflits et d'hostilités. Dès lors à quoi servent les armées ? Et quand l'inutilité d'une dépense aussi écrasante est démontrée, comment en obtenir le maintien de parlements indépendants, tels qu'en possèdent certains pays de l'Europe ?

Dans les États mêmes où l'autorité du prince est souveraine, il faut un prétexte pour faire accepter cet impôt du sang. Que l'initiative du désarmement soit prise par un seul gouvernement, et l'imitation de cet exemple deviendra bientôt une nécessité pour les autres. La réalisation, même incomplète, de la première partie de notre programme aura donc entraîné l'adoption de la mesure que nous tenons pour la plus essentielle, la suppression des armées.

Nous avons exposé ailleurs l'influence que cette réforme radicale devait exercer sur les mœurs politiques d'un pays ; nous avons montré comment, de la seule transformation du budget, devait ressortir une participation plus active et plus directe des populations, dans le contrôle des intérêts

et dans l'administration des affaires ; or, par le
fait du développement des relations internationales, encouragées et créées par la durée de la paix,
c'est vers le congrès central que les regards sont
tournés ; c'est par lui que l'équilibre et l'harmonie
se maintiennent, et depuis que les querelles de
peuple à peuple ont cessé, c'est là que se traitent
les grands intérêts de la famille européenne. Les
populations qui, chacune chez elle, depuis la commune jusqu'aux assemblées législatives, ont re-
pris goût à la direction de leurs affaires locales,
consentiront-elles à rester toujours étrangères à
la direction des hauts intérêts qui se traitent au
congrès central ? Ce serait méconnaître la nature
humaine, que d'espérer une semblable abnégation.
Ce serait d'ailleurs une renonciation à un droit
légitime, et une abdication contradictoire avec les
mœurs constitutionnelles que nous supposons développées.

Il y aura donc revendication, et la volonté nationale ne pouvant plus être comprimée par la
force des armes, l'élément populaire et électif par-

ticipera, ou se substituera aux délégations prin-
cières, dans une organisation nouvelle du congrès
central.

Nous protestons de nouveau contre toute prétention au rôle de prophète ; la série d'événements, que nous venons de déduire les uns des
autres, est une suite d'hypothèses auxquelles le
lecteur est libre de substituer telles autres éventualités qui lui paraîtront plus probables. En
donnant un corps à nos suppositions, nous avons
voulu échapper au reproche de raisonner dans le
vide ou sur des idées irréalisables.

———

Nous ne nous aventurerons pas plus loin sur
l'obscur et périlleux terrain de l'utopie. L'organisation de l'unité européenne sera l'œuvre de
législateurs, qui auront à tenir compte de circonstances bien difficiles à prévoir. Nous avons confiance qu'ils mèneront à bien l'entreprise qui leur
sera confiée ; les hommes manquent rarement aux
événements dont l'heure est venue. Vouloir régler d'avance l'inconnu, serait une prétention pué-
rile, qui n'a jamais troublé notre cerveau.

Si nous avons, à tant de reprises, affirmé notre admiration et notre préférence pour la constitution américaine, c'est parce que nous la jugeons aux fruits qu'elle a donnés ; mais notre culte n'est pas plus aveugle que celui de Franklin qui, même en la votant, et en sollicitant pour elle le suffrage de ses collègues, déclarait dans une lettre, qui fut en quelque sorte son testament politique : « J'accepte cette constitution, parce que je n'en espère point une meilleure, et parce que je ne suis pas sûr qu'elle ne soit pas la meilleure. »

Nous sommes loin de nous dissimuler, en outre, que les mœurs et les traditions politiques de l'Europe pourront imposer, dans la constitution de son unité, la nécessité de certaines transactions, et d'accommodements temporaires ; mais, pour nous, tout cela est d'une importance secondaire ; le point unique, sur lequel nos regards restent attachés, c'est l'avénement de l'unité. Devant ce fait, toutes nos incertitudes, toutes nos craintes disparaissent, et nous serions disposés à nous écrier, comme Franklin, au moment où la constitution américaine fut proclamée : J'ai le bonheur de sentir que c'est le soleil qui se lève*!

Que nous importerait donc de chercher à pressentir quelles seront bien exactement les attributions du congrès central européen ? par qui il sera présidé, par qui seront remplies les fonctions exécutives, quelle sera la proportion et l'organisation des forces militaires destinées à assurer l'exécution des décisions fédérales ?

La forme est peu, le fond est tout. Que la liberté des communications, de l'industrie et du commerce soit assurée, que toute possibilité de conflit soit écartée par la soumission volontaire ou forcée de chaque État aux sentences arbitrales

---

* Le jour où la constitution américaine fut proclamée, Franklin avait les yeux fixés sur la place qu'occupait Washington. Derrière le fauteuil du président était un tableau assez médiocre, qui représentait un soleil. Franklin, montrant ce tableau du doigt à ceux qui l'entouraient, leur dit : « Les peintres déclarent que dans leur art c'est chose difficile que de distinguer un lever d'un coucher de soleil. Bien des fois, dans le cours de cette session, dans nos alternatives de crainte et d'espérance, j'ai regardé cette peinture sans pouvoir dire si c'était un lever ou un coucher de soleil ; mais maintenant j'ai le bonheur de voir que ce n'est pas un soleil qui se couche, c'est un soleil qui se lève. » C'était, en effet, le soleil de la liberté qui se levait sur l'Amérique et sur le monde entier. (*Histoire des États-Unis*, par Edouard Laboulaye.)

rendues par le pouvoir central, que les développements nécessaires soient donnés à un large et
paternel système d'émigration, et nous éprouvons
très-peu le besoin de deviner au nom de quelle
autorité, et par quels fonctionnaires les ordres seront donnés, pourvu qu'ils soient exécutés avec
intelligence et loyauté.

Faut-il s'inquiéter davantage de savoir si le
congrès central devra se composer d'une chambre
unique ou bien d'un sénat et d'une chambre de
députés ? Quelle arène ouverte aux controverses !
quel champ livré à la critique, et combien nous
nous éloignerions de nos intentions premières !

Nous nous sommes surtout appliqué à résumer nos idées dans des propositions que leur
simplicité et leur clarté rendent presque indiscu-
tables, nous devons donc nous garder de compromettre le caractère de ce livre, en nous engageant
dans un dédale de questions toutes plus ou moins
controversables.

Nous nous abstiendrons même de rechercher
sur quelles bases pourrait être établi le système

électoral, et quelle serait la part proportionnelle de représentation accordée à chaque État dans le congrès central. Les dispositions des peuples seront-elles alors ce qu'elles sont aujourd'hui, et dans quelles mesures les grandes agglomérations, comme l'Allemagne et la France, accepteront-elles le partage du pouvoir central avec les puissances de deuxième ou de troisième ordre?

La solution de toutes ces difficultés ne dépendra-t-elle pas du mouvement qui se sera opéré dans les esprits, pendant le temps qui nous sépare encore de la réalisation de l'unité européenne?

———

Il faut prendre les hommes tels qu'ils sont, et faire la part aux préjugés dont ils sont imbus, jusqu'à ce qu'on soit parvenu à les détruire.

L'égalité est assurément une des conditions les plus désirables dans le fonctionnement d'une confédération, mais, dans le sujet que nous traitons, combien peu de gens, même parmi les meilleurs esprits, seraient disposés à en accepter la pratique, prévenus qu'ils sont par toutes les traditions de rivalités et d'antagonisme dont ils ne peuvent se dépouiller, et par cette passion des nationalités qui est encore si vivace!

Que d'objections, et nous pourrions presque dire, que de ressentiments ne nous sommes-nous pas attiré, pour avoir osé pressentir, dans notre précédent ouvrage, que, compris peut-être un jour, ce besoin d'égalité entre les membres de la confédération européenne pourrait amener une nouvelle division territoriale des États!

En pleine fièvre de nationalités, lorsque les questions de races et de frontières naturelles sont les seules pour lesquelles on se passionne, avoir l'audace de rêver une organisation fraternelle de la grande famille européenne, voilà ce qu'on ne voulait ni concevoir ni nous pardonner.

____

Et cependant nous sommes plus convaincu que jamais que ces haines, aujourd'hui si menaçantes, s'éteindront, et que les peuples sont bien plus près de s'entendre qu'on ne le suppose.

Nous voyons bien s'aligner d'énormes budgets de guerre, nous voyons partout les armées grossir; tout ce fracas d'artillerie formidable, de fusils perfectionnés, de marines à cuirasses et à éperons parvient jusqu'à nous; mais, dans ce sinistre appareil, dans ces préparatifs inhumains, dussent-ils aboutir une fois encore à de sanglantes hécatombes, nous ne voulons voir qu'une dernière convulsion d'un passé qui va finir.

Pour nous, l'image de l'avenir est dans cette locomotive impatiente, qui semble mugir de colère ou siffler de dédain aux approches du poste de douanes, où elle est encore condamnée à s'arrêter; elle est dans ce fil électrique, qui donne aux communications de la pensée humaine la rapidité de l'éclair, et qui se joue de toutes les frontières, même de celles creusées par des océans.

Laissons ces agents de la civilisation future accomplir leur œuvre, et l'aspect de bien des choses changera; bien des idées se modifieront, et bien des problèmes, réputés aujourd'hui insolubles, ne seront plus que des améliorations d'une réalisation facile, conséquences naturelles des progrès déjà accomplis.

L'essentiel est d'entrer dans la bonne voie ;
c'est pour cela que nous voudrions rendre aussi
faciles que possible les premiers pas à faire vers
la constitution de l'unité européenne.

La nature même de ses premières attributions
ne doit pas inspirer de craintes sur les difficultés
de leur fonctionnement; nous avons suffisamment
prouvé que ces attributions étaient, pour la plupart, la mise en pratique et la régularisation des
aspirations sociales et industrielles de notre
époque.

Que les limites soient bien définies entre l'autorité centrale et les droits des États, et non-seulement les conflits seront évités, mais on sera
étonné de la docilité exemplaire avec laquelle la
loi sera obéie.

L'équilibre de pouvoir qui s'établit par l'action
combinée de l'unité et de la décentralisation n'est
pas même troublé par les obstacles et les délais
de l'éloignement. Entre Washington et les États
du Pacifique la distance est, en moyenne, de neuf
cents lieues. Entre ces deux points il n'existe pas

encore de chemin de fer, les communications par terre, à travers les montagnes Rocheuses et de vastes contrées presque désertes, sont tellement difficiles que, pour les voyageurs et les marchandises non encombrantes, les transports se font par le golfe du Mexique, l'isthme de Panama et le Pacifique, trajet qui exige au moins vingt jours; c'est-à-dire quatre fois plus qu'il n'en faut aujourd'hui pour aller de Londres ou de Paris à Saint-Pétersbourg. Jamais cependant les décisions du gouvernement central, agissant dans la limite de ses droits, n'ont été méconnues, jamais l'exécution n'en a été différée, quoique ce gouvernement soit uniquement représenté par quelques fonctionnaires spéciaux qui, en cas d'infractions à la loi, ne pourraient recourir qu'aux milices de l'État.

Citons encore ici la Californie, parce que sa situation géographique exceptionnelle et les premiers éléments dont sa population s'est formée rendent plus saisissant l'exemple de son respect pour les actes constitutionnels du gouvernement central. Pendant la dernière guerre, alors qu'il s'agissait d'énormes contributions et d'épuisantes levées d'hommes, le respect et l'obéissance pour les décisions prises à Washington ne se sont pas plus démentis dans ces lointaines contrées que dans aucun des autres États restés fidèles à l'Union.

———

Il n'y a donc point d'objection à tirer de l'étendue des territoires sur lesquels le pouvoir unitaire européen aurait à exercer son action. Si même il y a une conséquence à déduire des expériences faites, ce serait celle-ci, qu'il n'y a pas de limites à l'extension de cette forme de gouvernement, puisqu'on peut toujours supposer l'adjonction volontaire et consentie d'un nouveau membre, dans une association préexistante.

La confédération suisse s'est constituée par l'association de trois petits cantons : la diversité de langue, de mœurs et de religion n'a pas arrêté ses développements ; combien d'autres contrées, restées en dehors d'elle, ne se seraient peut-être pas groupées autour de ce premier noyau, si les intérêts monarchiques n'y avaient mis obstacle ! Comme cet empêchement n'existe pas sur le continent américain, qui pourrait prédire où s'arrêteront les annexions à la grande république des États-Unis?

Nous avons, pour l'Europe, des vues moins ambitieuses; nous n'oublions pas que son unité est, à nos yeux, bien moins un moyen d'expansion qu'une précaution défensive, et une mesure de salut. Au nord et à l'est elle confine à des pays qui se refuseront longtemps à toute assimilation avec elle. La Russie, plus vaste à elle seule que l'Europe entière, poursuit l'œuvre de son unité par des moyens qui ne sauraient convenir à notre civilisation occidentale, et dans un composé d'éléments qui ne sauraient s'amalgamer avec les nôtres. Dans une union avec ce colosse, il y aurait pour l'Europe moins de chances de se l'assimiler que d'être absorbée par lui.

Quant à ce qui reste, sur notre continent, de domination mahométane, il est condamné à une disparition prochaine. Entre la race asiatique et les nations européennes, ce n'est pas le Bosphore qui est la plus infranchissable barrière; il y a entre elles toute la distance qui sépare la doctrine du Progrès de l'Immobilité fataliste. Si l'Islamisme doit se régénérer, c'est par lui-même et sur son propre sol, en Asie, que l'œuvre doit s'accomplir. La tâche est au-dessus des forces de l'Europe, obligée qu'elle est elle-même de préparer son avenir. Le but qu'elle doit poursuivre, but dont elle ne doit se laisser distraire, ni par excès de timidité, ni par excès de présomption, c'est la fusion en une seule famille de trois groupes trop longtemps rivaux ou hostiles, les Slaves, les Latins et les Anglo-Saxons.

CONCLUSION

Dans le tableau encore incomplet des espérances qui se rattachent, selon nous, à la constitution de l'unité européenne, nous sommes loin d'avoir tout dit. Nous avons énuméré toutes les superfluités qu'elle supprime, toutes les fausses directions qu'elle redresse, toutes les calamités auxquelles elle met fin. Nous avons donné un aperçu de l'accroissement des ressources matérielles qu'elle apporterait à la civilisation, en rendant à une activité productive les millions de bras dont l'organisation actuelle immobilise les forces, quand elle n'en fait pas des instruments de destruction ; mais ne convient-il pas de placer plus haut encore que tous ces avantages le bienfait d'une transfor-

mation morale, telle qu'elle devrait résulter de la
tendance exclusive des esprits vers les travaux de
la paix et les améliorations sociales ?

S'est-on jamais rendu compte de ce que l'humanité a dépensé de fécondité et d'énergie intellec-
tuelle dans les constantes préoccupations de ses
rivalités, de ses haines et de ses luttes [1] ? Ce n'est
pas seulement le sang de l'homme, c'est son génie
qui paye tribut à la guerre.

Enlevez à l'Europe ces ambitions et ces soucis
qui lui ont coûté si cher; qu'aucun de ses

[1] Si l'attention vigilante que les rois et les chefs d'État
apportent à la conduite des opérations militaires était appli-
quée de préférence aux travaux de la paix, un harmonieux
accord présiderait à la marche de l'humanité on ne verrait
plus ces bouleversements qui l'agitent sans cesse. (SALLUSTE.)

Il n'y a pas longtemps que l'on agitait dans une compagnie
célèbre cette question usée et frivole : Quel était le plus grand
homme, de César, d'Alexandre, de Tamerlan ou de Cromwell ?
Quelqu'un répondit que c'était sans contredit Isaac Newton.
Cet homme avait raison, car si la vraie raison consiste à
avoir reçu du ciel un puissant génie, et à s'en être servi pour
s'éclairer soi-même et les autres, un homme comme M. Newton, tel qu'il s'en trouve à peine un en dix siècles, est véritablement le grand homme, et ces politiques et ces conquérants dont aucun siècle n'a manqué ne sont d'ordinaire que
d'illustres méchants. C'est à celui qui domine sur les esprits
par la force de la vérité non à ceux qui font des esclaves par
la violence ; c'est à celui qui connaît l'univers, non à ceux
qui le défigurent, que nous devons nos respects. (VOLTAIRE.)

peuples ne puisse avoir, ni la crainte d'être attaqué,
ni le désir d'attaquer les autres ; que les individus
comme les nations se lancent en pleine sécurité
dans la libre et pacifique carrière ouverte devant
eux, et notre continent régénéré aura consolidé en
peu de temps, et pour de longs siècles, sa supériorité, sur la durée de laquelle il y a tant de motifs d'être inquiet aujourd'hui.

———

Tous les prodiges accomplis en quatre-vingts
ans dans le nouveau monde, ces immenses réseaux
de chemins de fer, ces merveilleux développements
de la navigation et du commerce, cette prospérité
agricole, cette diffusion de l'instruction, la notion
et le respect de la loi, le sens pratique des choses
et l'intelligence politique, toutes ces améliorations
matérielles, toutes ces conquêtes morales, l'Europe nous en donnera le spectacle plus grandiose,
plus complet qu'il n'a pu jamais nous être offert.

Tous les éléments de ces prospérités existent
dans son sein ; ses intelligentes populations en ont
l'instinct, en proclament le besoin ; toutes les lu-
mières, tous les enseignements du passé revivent

dans les livres de ses philosophes et de ses savants.
Ce qui s'est fait ailleurs rudement, et sous le coup
d'une âpre nécessité, pourrait s'opérer ici comme
une épuration entre des traditions fausses et des
traditions vraies, comme un retour vers le bon
chemin retrouvé, et sans aucun sacrifice des dou-
ceurs et des facilités acquises.

A quoi tient le sort de cette transformation si
bienfaisante et si facile ? A l'effacement de quelques préjugés, qui ne supportent déjà plus une
discussion sérieuse, à la suppression d'un fléau
dont tout le monde gémit, et que tout le monde
condamne, et à une modification dans l'exercice
de l'autorité, dont tout au plus quelques ambitions
vaniteuses pourraient se plaindre.

L'humanité tout entière sera-t-elle éternellement
sacrifiée à quelques intérêts égoïstes ? La vérité qui
éclate dans tant de faits, qui pénètre dans tant de
consciences, sera-t-elle indéfiniment refoulée par le
mensonge et la violence ? L'Europe enfin qui a le
sentiment de ses maux présents, et l'intuition de
ceux que peut lui réserver l'avenir, ne fera-t-elle

aucun effort pour remonter la pente sur laquelle elle se voit glisser ? Nous ne voulons pas le croire. Dans tous les cas, il ne sera pas dit que les avertissements lui auront manqué. Pour notre humble part, nous aurons lancé le cri d'alarme qui est au fond de notre cœur, plus encore que sur nos lèvres, et, à défaut d'autre titre et d'autre autorité, nous aurons apporté dans l'enquête le résultat d'une expérience complétement désintéressée.

C'est au point de vue européen que les mœurs et les institutions américaines ont été pour nous l'objet de longues études. On se tromperait étrangement, si, dans les exemples cités par nous, dans les comparaisons produites, on croyait voir une intention de dénigrer ou d'abaisser la grande patrie à laquelle nous sommes fier d'appartenir ; notre pensée unique a été de voir approprier à l'Europe ce qui fait la puissance et la prospérité des États-Unis.

Il y a dans la préface *du Fédéraliste*, cet éloquent et savant commentaire des institutions américaines, quelques lignes prophétiques qui sont toujours restées gravées dans notre mémoire. Elles seront notre excuse, auprès de ceux qui seraient tentés de nous reprocher notre constante préoccupation de l'histoire des États-Unis dans notre appréciation de l'avenir européen.

C'est à propos du vote de la constitution que Hamilton, le plus actif collaborateur du précieux recueil, s'exprime ainsi :

« Il s'agit du sort de l'*empire le plus intéressant de l'univers*, car il semble réservé à l'Amérique de décider la grande question de savoir si les hommes sont capables de se donner un bon gouvernement par réflexion et par choix, ou s'ils sont condamnés à recevoir éternellement leur gouvernement *du hasard et de la force*.

» La crise où nous sommes est décisive pour ce problème. Si nous nous trompons, notre erreur sera fatale à tout le genre humain. »

La crise est traversée depuis quatre-vingts ans ; la constitution a donné aux fils de ceux qui l'avaient votée une prospérité sans exemple.

Frappés de la simplicité des rouages de cette constitution, de leur fonctionnement si régulier et si facile, nous avons analysé les bases de ce solide édifice, en nous demandant quels obstacles rencon-

trerait en Europe l'application d'un système si
bien éprouvé.

———

De nos recherches il est résulté pour nous que
les bases de la société américaine sont celles-ci :
garantie du travail par un sol suffisant à la subsis-
tance des habitants; garantie de richesses par
l'emploi de toutes les forces productives ; garantie de la liberté par la décentralisation; garantie
de la puissance par l'unité.

L'absence ou l'insuffisance de ces garanties ex-
pliquant, en grande partie, l'état de souffrance dans
lequel se trouve l'Europe, nous étions donc
amené à rechercher au moyen de quelles réformes elles pourraient lui être assurées.

———

Il fallait trouver, en dehors d'elle-même, une
solution à la question territoriale ; de là notre
insistance pour l'organisation d'un vaste système
d'émigration.

La suppression des armées nous semble non-
seulement répondre à la garantie de richesses, par

la réalisation d'économies énormes, et par l'accroissement des forces productives ; mais encore
parce qu'elle enlève un élément de domination
et de violence à des mains qui en ont trop souvent et trop longtemps abusé ; elle rend facile la
transition des institutions centralisatrices, qui
dominent aujourd'hui, au régime du self-government, seule garantie durable de la liberté.

Enfin ces réformes ne pouvant ni se consolider,
ni produire de résultat sérieux dans l'état d'antagonisme, qui est l'état actuel des nations européennes, nous leur donnons comme principe et
comme couronnement l'unité.

Tel est le plan que nous avons eu l'intention de
suivre.

Aurons-nous réussi à donner à nos démonstrations la clarté qu'elles comportent ? serons-nous
parvenu à faire passer dans l'esprit de nos lecteurs une partie des convictions qui nous ani-
ment ? C'est à eux d'en décider.

Ce que nous devons affirmer en terminant,

c'est que si, après la lecture de ce livre, l'importance des problèmes que nous avons posés n'est pas bien comprise, la faute n'en est point à l'évidence des faits, mais à notre seule impuissance.

ACTUALITÉS

Au moment où nous écrivions les dernières lignes de ce livre, l'incident politique du Luxembourg recevait dans la conférence de Londres une solution, qui caractérise trop exactement l'état actuel des esprits, pour que nous ne cherchions pas à en tirer quelques nouveaux enseignements. Tout le monde sait quelle minime importance avait en elle-même cette question, qui a failli mettre l'Europe en feu ; sa gravité réelle est dans la situation qu'elle accuse.

Les changements survenus en Allemagne à la suite de la guerre de 1866 ont eu pour résultat de modifier une fois de plus ce prétendu équilibre européen sans cesse poursuivi par les diplomates et que leur habileté n'a jamais pu consolider.

En détruisant la prépondérance de la France, les traités de 1815 avaient laissé subsister, dans la Confédération germanique, le dualisme de l'Autriche et de la Prusse, de telle sorte que la supériorité relative la de France était maintenue, quand elle pouvait parvenir à tenir isolé l'un de l'autre chacun des deux grands tronçons de la Confédération.

En 1859, la rapide campagne d'Italie, brusquement termi-
née par la victoire de Solferino, avait plus que jamais mis en
relief cette vulnérabilité de l'Allemagne divisée. La France,
même dans ses frontières de 1815, pouvait donc se considérer
comme la première des puissances continentales, la Russie
ayant surtout, vis-à-vis de l'Occident, une force défensive,
et l'Angleterre ne pouvant jouer de rôle actif, par sa marine
et son crédit, que dans un cas de coalition.

Tel était l'état de choses que la guerre de 1866 est venue
changer. L'Allemagne, tourmentée du besoin d'unité, a
accepté la bataille de Sadowa comme une réalisation partielle de son rêve, et la Prusse, habile à profiter de ces dispositions favorables, s'est mise à l'œuvre pour reconstituer
à son profit l'Empire germanique. Il n'y a plus d'illusion à
se faire; la réalisation de ce projet est déjà trop avancée
pour qu'on puisse douter de sa réussite.

La frontière provisoire du Mein et l'établissement d'une
confédération du Sud sont des chimères qui se sont éva-
nouies, moins encore devant l'ambition prussienne, que
devant la volonté unitaire des populations. Il va donc y
avoir au centre de l'Europe un peuple de quarante millions
d'habitants, ayant une puissante organisation militaire, et
pénétré de la grandeur de ses nouvelles destinées.

Au point de vue des traditions de la politique monarchique,
c'est la France qui se trouve principalement affectée par les
changements que nous venons de rappeler : le premier rang
qu'elle occupait lui sera désormais disputé, ou il faut qu'elle
en accepte le partage. De quelques mystères que restent
enveloppées les négociations qui ont eu lieu entre la France
et la Prusse, il y a de nombreuses raisons de croire que des
compensations territoriales ont été demandées et n'ont pu

être obtenues. La cession du Luxembourg était probablement une des consolations que le gouvernement français cherchait à se donner, et on comprend l'irritation que devaient lui causer les obstacles opposés à des prétentions devenues si modestes.

Nous n'avons point à revenir sur les faits récents et connus, qui ont précédé la réunion de la conférence de Londres ; rien d'ailleurs ne serait plus contraire à nos sentiments, que de réveiller une polémique, dont nous avons souvent regretté l'aigreur et redouté le danger ; mais ce rapide exposé était nécessaire, pour que la question fût placée au point de vue où nous désirons l'envisager.

Dans ce conflit, soulevé à propos d'une petite province de deux cent mille âmes, se trouvaient donc engagés, un changement de l'équilibre européen, une question d'intérêt pour la France et de susceptibilité pour la Prusse, une question de prépondérance entre deux grands peuples, une question d'antagonisme entre deux races. Aussi n'y a-t-il point à s'étonner des proportions que la querelle menaçait de prendre ; rarement autant d'éléments d'irritabilité s'étaient trouvés réunis sur un seul sujet.

Pendant plusieurs semaines on crut que la guerre ne pourrait pas être évitée ; le langage des personnages officiels n'était pas plus rassurant que celui des nouvellistes ; les bruits d'armements arrivaient de tout côté ; la panique était sur toutes les places de commerce ; partout les valeurs de bourse baissaient, comme si déjà le canon eût retenti. Que devait-on attendre de l'esprit public dans un pareil moment, une surexcitation d'enthousiasme de circonstance, des défis, des provocations, des chants de haine et de guerre ? Il n'était pas besoin de remonter bien haut dans

l'histoire, pour se rappeler les injures, les outrages, les
excitations de toute sorte, par lesquelles les populations
s'associaient aux intentions belliqueuses de leurs gouvernements. Rarement, nous l'avons dit, plus de matières
inflammables avaient été disposées pour une formidable ex-
plosion. Allait-on évoquer le souvenir des guerres si nombreuses, qui ont rougi les eaux du Rhin du sang allemand
et du sang français, mettre les légendes du passé au service des passions actuelles, opposer Frédéric à Louis XIV,
Rosbach à Fontenoy, Leipzig à Iena ? Non. Un spectacle
tout autre et tout nouveau nous a été offert par la génération présente. Elle avait déjà désappris ces chants du Rhin
de 1840, tournoi de poésie inspiré alors par la vanité bien
plus que par la haine; ce que les esprits avaient surtout re-
tenu, ce dont ils étaient restés pénétrés, sur les deux ives du
fleuve, c'était de ces principes humanitaires et fraternels,
proclamés par la révolution française de 1789, refoulés ou
travestis pendant les guerres du premier empire, mais
reparaissant, dans toute leur jeunesse et toute leur vigueur,
en 1848, sous l'influence d'un bienfaisant rayon de liberté.

Il arriva alors ce que le monde n'avait point encore vu.
Pendant que les rois comptaient leurs soldats, inspectaient
leurs arsenaux et méditaient de nouvelles organisations
pour leurs armées, les peuples se prirent à mesurer l'étendue des sacrifices qu'on allait exiger d'eux, à sonder les
profondeurs de l'abîme où ils allaient être entraînés. Ils
osèrent, pour la première fois, en appeler des arrêts de la
diplomatie à leur conscience, et avoir leur politique à eux,
en regard de la politique de leurs gouvernements. L'Allemand se refusa à voir dans le Français un ennemi éternel

et nécessaire de son indépendance et de ses légitimes ambitions ; le Français ne voulut pas comprendre que sa puissance et sa grandeur fussent à tout jamais inconciliables
avec la grandeur et la puissance de l'Allemagne. De là un
double courant d'idées dans les deux pays, et un double
dialogue dans l'échange de ces idées. Pendant que les hommes du vieux monde, obstinés dans le système des rivalités
et des antagonismes, développaient des considérations de
stratégie et d'équilibre, ou bien invoquaient la nécessité
des frontières ; les hommes du droit nouveau, se tendant
une main fraternelle au-dessus des barrières qui menaçaient
de se redresser, échangeaient des paroles d'union, de paix
et d'amitié. Ce mouvement des esprits est un signe du
temps trop plein d'enseignements et d'espérances, les manifestations qui se sont produites sont trop encourageantes
pour les théories exposées dans ce livre, pour que nous
résistions au désir d'en résumer le sens général par quelques citations.

L'initiative de cette croisade pacifique appartient à un
groupe d'étudiants français qui, le 10 avril, envoient aux
étudiants allemands l'adresse suivante :

Frères allemands, l'horizon se montre sombre et menaçant.
Des bruits de guerre se font entendre des deux côtés du Rhin.
Les nations regardent inquiètes ce que l'avenir leur prépare.

Et cependant le temps des haines nationales n'est-il pas passé ?

Loin de nous ces idées d'un autre âge ! Les peuples sont grands
non par leur territoire, mais par leurs institutions. Ce n'est pas
l'extension de leurs frontières, mais celle de leurs libertés que
doivent vouloir la France et l'Allemagne.

Nul homme de cœur n'a jamais craint la guerre, tout honnête
homme doit la détester. Haïssons-la pour les misères qu'elle entraîne et pour le despotisme qu'elle engendre !

N'appartient-il pas aux étudiants d'affirmer maintenant ces grandes vérités?

Ne marcherons-nous pas ensemble dans cette voie féconde, frères allemands?

Que par vous, qu'avec vous, ce soit la paix avec ses splendeurs qui conduise désormais les nations à la prospérité, à la grandeur, à la liberté!

A peine a-t-on connaissance à Berlin de cette généreuse tentative, que les diverses corporations se réunissent; puis, en assemblée générale, elles votent l'adresse que voici :

> Au peuple français.

> Français, ouvriers et frères !

Le bruit d'un danger imminent de guerre a été provoqué par la question des rapports du Luxembourg avec l'Allemagne; il inquiète depuis quelque temps la plupart des nations européennes; mais il a donné aux deux nations les plus directement intéressées, aux Français et aux Allemands, l'occasion d'échanger déjà plusieurs fois leurs vœux pour la solution amiable de cette difficulté.

Nous, les ouvriers de Berlin, nous voulons de nouveau manifester notre sentiment pour le maintien durable de la paix, et en faire parvenir l'expression à toute la nation française.

C'est au sein du travail et de la vie de famille que nous voulons fonder notre bien-être, et non au service du despotisme, qui aspire à la puissance par des lauriers sanglants, et qui finit toujours par abuser du sentiment national, après l'avoir aiguillonné pour conquérir des territoires et des peuples.

Détestons toute guerre avec ses horreurs et ses terreurs. Détestons-la comme un legs du cruel moyen âge, propre seulement à entraver l'évolution industrielle et libérale des temps modernes, à la souiller et à la déshonorer. Nos champs de bataille, ce sont les ateliers, ce sont les temples de l'humanité, où chacun peut lutter de toutes ses forces, avec des armes pacifiques et morales, pour la vérité, pour la justice, pour la beauté éternelle.

Français, frères, nous attendons de vous, comme d'une nation civilisée, que vous reconnaissiez et estimiez ces sentiments, et qu'unis à nous, vous concouriez à cimenter la *fédération* humaine qui, par la liberté et la fraternité, marche à *l'unité* et à la paix.

L'Association des ouvriers de Berlin,

Robert Krebs, président.

La réponse ne se fait pas attendre et, en quelques jours, le comité des sociétés coopératives de Paris réunit plusieurs milliers de signatures au bas d'un document dont voici le texte :

Frères et amis,

Vous êtes dans la justice et la vérité. Nous avons lu votre adresse les larmes aux yeux et la joie au cœur.

Que nos frères allemands en soient bien convaincus ; tous, nous voulons la paix, tous, nous détestons la guerre, tous « nous tenons la lutte commune des nations pour la liberté contre les ennemis de la liberté, pour la seule lutte digne de nous. »

Avec vous, — nous protestons contre la force oppressive du droit ; nous répudions toute idée de conquête et d'agrandissement territorial ; — nous voulons que la volonté des nations soit respectée comme la volonté des citoyens. Avec vous, nous voulons que l'opinion publique arrive enfin à gouverner seule les États, et que l'esprit de fraternité anime seul les relations de peuple à peuple.

Ceux qui vous parlent de notre ambition vous trompent. Nous sommes vos amis. Ceux qui essayent de nous mettre aux prises, ceux-là sont nos ennemis communs. Et si le sang des deux peuples doit être répandu sur les champs de bataille, — ce sera malgré vous et malgré nous. Nous le disons bien haut, alors qu'il en est temps encore, pour que la responsabilité d'un si grand crime retombe tout entière sur ses auteurs.

A vous fraternellement.

L'élan était donné, quelques journaux s'y associent, et de tous les points de l'Allemagne et de la France, s'élèvent, sous les formes les plus diverses, des protestations contre la guerre dont sont menacés deux peuples qui s'estiment et qui s'aiment. Deux honorables citoyens, M. Garnier Pagès député et M. Hérold, le fils du célèbre compositeur, avocat à la Cour de cassation, se rendent à Berlin, pour y étudier les dispositions populaires, et se faire les interprètes des sentiments sympathiques, dont une grande partie de la population française est animée.

Les deux voyageurs reçurent le plus touchant accueil; les chefs de l'opposition libérale leur proposèrent de provoquer des manifestations aussi imposantes par le nombre des assistants, que significatives par les discours qui devaient y être prononcés. MM. Garnier-Pagès et Hérold se dérobèrent à ces ovations, mais ne purent refuser un banquet d'adieu, qui leur fut offert le 30 avril, et dont la feuille semi-officielle, la *Correspondance de Berlin*, rendit compte en ces termes :

C'est à l'hôtel de Saint-Pétersbourg que se sont réunis les convives. Environ quarante députés prussiens de la fraction progressiste assistaient à ce dîner, organisé par leurs soins. MM. Garnier-Pagès et Hérold se trouvaient placés entre MM. les députés Virchow et Lœwe-Calbe, ayant, en face d'eux, M. Schulze-Delitzsch.

Dans un petit discours adressé à ses collègues allemands, M. Lœwe-Calbe a d'abord exposé le but du libéralisme français, se faisant représenter à Berlin, au moment actuel, par quelques-uns de ses membres. Il s'agissait de concourir au maintien de la paix en travaillant à l'amitié des deux peuples.

« Nous devons remercier de cette démarche nos coreligionnaires politiques de France; nous devons leur dire que nous dé-

sirons la paix, que nous avons la guerre en horreur, que nous
emploierons toutes nos forces à conserver la paix entre deux nations si intimement liées l'une à l'autre par les arts de la paix et
du travail. »

Puis, s'adressant, dans leur langue, aux deux convives français :

« Nous sommes profondément émus de la noble pensée qui a
déterminé nos amis de France à nous envoyer des messagers
pacifiques. Nous vous remercions de tout cœur de l'initiative
que vous venez de prendre. Je peux, au nom de mes amis, vous
donner l'assurance que nos sentiments répondent pleinement aux
vôtres. Nous détestons la guerre, surtout la guerre entre deux
peuples qui ont une grande mission à remplir, au service de
l'humanité. A la paix entre les deux nations de France et d'Allemagne! à l'amitié durable des deux peuples! Apportez ce salut
à vos amis. »

M. Garnier-Pagès s'est levé pour remercier, et a prononcé un
dicours dont nous citons le principal passage :

« L'Allemagne et la France n'ont aucun intérêt à se ruiner
mutuellement; elles ne doivent être rivales que dans leur action
civilisatrice et humanitaire, dans les arts de la paix, dans les
œuvres de l'industrie. Cette conviction est celle de toutes les
classes de la société française, des artistes, des savants, des ouvriers, ces derniers si pleins d'admiration pour les philanthropi-
ques travaux de M. Schulze Delitzsch... La nation française,
comme tout individu, a son orgueil particulier, mais il s'agit de
réprimer ces entraînements, quand ils peuvent devenir dange-
reux pour les intérêts de la communauté européenne. »

M. Garnier-Pagès a terminé par un toast aux peuples libres.
M. Hérold a pris la parole à son tour, et dit qu'une guerre
entre la France et l'Allemagne serait plus qu'une guerre civile.
M. Schulze-Delitzsch s'est exprimé ainsi :

« Le principe des nationalités est un des grands traits de l'époque actuelle, mais il doit, s'il veut être juste, *expirer là ou le principe de l'humanité commence.* »

M. le député Eberty a dit, en français :

« Nous savons tous ce que nous devons à la France. Votre Montesquieu a fondé le droit moderne, votre Rousseau a commencé la réforme de l'éducation, votre Voltaire, en détruisant la superstition, a ouvert les voies à la pensée libre. Nous savons que votre peuple, le premier champion de la liberté, a aidé le monde à secouer les chaînes du régime féodal. »

L'orateur continue en disant que la France ne doit pas envier à l'Allemagne la position puissante que celle-ci vient de conquérir, et dont elle fera usage pour répandre sur le monde l'exemple des vertus particulières à la nation germaine :

« Vous, Messieurs, hérauts d'une lutte pacifique, soyez les bienvenus et donnez, de notre part, une poignée de main à tous les Français animés des mêmes sentiments que vous. »

M. Waldeck porte un toast à M. Garnier-Pagès et aux sentiments humanitaires qui de tout temps l'ont distingué.

M. Ziegler s'exprime en termes très-enthousiastes sur l'initiative prise par le libéralisme français, et termine par un toast aux deux convives.

MM. Garnier-Pagès et Hérold, qui devaient partir le soir même, ont quitté la salle en remerciant et en promettant de se faire en France les chaleureux interprètes des sympathies qu'ils ont trouvées dans la capitale de l'Allemagne.

Des derniers jours d'avril, jusqu'au moment où les résultats de la conférence de Londres furent connus, les adresses et les adhésions se produisirent avec une telle abondance qu'un volume ne suffirait pas à les reproduire ; ces documents d'ailleurs, inspirés par les mêmes sentiments, ont trop de similitude dans la forme pour que nous voulions multiplier les citations. Signalons comme s'étant associés au mouvement de Berlin, les démocrates bavarois réunis à Lindau, les associations ouvrières du Wurtemberg, celles de Fribourg, dans le grand-duché de Bade; mentionnons un manifeste très-énergique de la Volkspartei, et la résolution suivante votée à Leipzig dans un meeting nombreux :

Des milliers d'Allemands accourus des diverses parties de l'Allemagne, et réunis à Leipzig, offrent leurs salutations cordiales au peuple français, et déclarent que c'est avec un profond regret qu'ils voient la prospérité de deux grandes nations menacée par des complications diplomatiques. Outre leur désir de voir respecter leur honneur et leurs droits nationaux, ils ne connaissent qu'une ambition, celle de rivaliser avec leurs voisins français dans une lutte glorieuse en faveur de la liberté et de l'entente cordiale des peuples. Que la France respecte l'honneur allemand comme l'Allemagne respecte l'honneur français, et nous ne verrons plus reparaître les désastres d'un autre âge.

Le 12 mai, les délégués des sociétés ouvrières de Francfort, Hanau, Limbourg, Mayence, Offenbach, Oppenheim et Wiesbaden votaient en assemblée générale à Biebrich l'adresse que voici :

Français, ouvriers et camarades, une assemblée d'ouvriers allemands, réunis à Biebrich, sur le Rhin, vous envoie son salut, et vous tend sa main fraternelle.

Il est vrai que le danger de la guerre, où une politique malencontreuse menaçait de précipiter les deux grands peuples limitrophes, paraît, quand à présent, détourné. Mais si les peuples eux-mêmes ne disent leur mot, l'avenir peut ramener les mêmes circonstances. C'est pour cela que nous avons appris avec joie que vous ne voulez pas la guerre. Nous en augurons un meilleur avenir pour les peuples, et nous vous donnons l'assurance qu'une telle guerre n'est pas moins détestée et condamnée par les Allemands que par vous.

Français, on vous a dit que votre honneur exigeait cette guerre, c'est faux! Jamais nous ne vous avons marchandé, à vous, nos nobles et chevaleresques voisins, l'honneur et l'estime; nous savons ce que vous avez fait, lutté et souffert pour la liberté et le progrès des peuples.

On vous a dit que l'Allemagne méditait une attaque contre vous, et même qu'elle convoitait un morceau de votre territoire. Mensonge! Nous savons qu'un lambeau de territoire étranger ne profite jamais à celui qui l'acquiert. De telles acquisitions intéressent tout au plus les gouvernements, elles n'intéressent pas les peuples; elles augmentent le nombre des soldats, elles ne diminuent pas les impôts et les charges. Dans les anciens temps, on a pu voir des peuples plus forts vaincre des peuples plus faibles, les extirper du sol et se mettre à leur place. Cela n'est plus possible aujourd'hui. Alors une telle guerre de races avait au moins encore le sens et le but d'un brigandage. Mais, dans le temps présent, les guerres de conquête seraient de la démence.

On vous a dit que la France, pour garder sa grandeur, devait chercher à maintenir les peuples voisins dans la faiblesse et le morcellement. Français, nous ne pensons pas aussi mal de vous. Ceux qui vous donnent de pareils conseils sont des prophètes de malheur, les partisans d'une politique hostile au peuple et funeste à tous.

Nous savons que la France peut trouver en elle-même sa grandeur et sa puissance; que le peuple français ne nous empêchera pas de tendre aussi à l'unité et à la force nationale, et qu'il n'a pas le désir d'intervenir dans notre question nationale intérieure.

Nous vous disons que la guerre ne peut qu'être funeste au vainqueur aussi bien qu'au vaincu. Rien que la menace d'une telle guerre est désastreuse pour le travail, pour le bien-être. C'est par la guerre qu'anciennement la liberté originelle a été perdue, et que les travailleurs libres sont devenus des esclaves. Jamais la guerre ne donne honneur et profit au peuple; elle est chargée de sang et de larmes, elle ne donne qu'un laurier sanglant au vainqueur; elle apporte la mort et la ruine à des milliers d'êtres humains. Toute guerre qui n'est pas nécessaire pour la défense de la liberté et de la patrie est un crime contre l'humanité, un attentat à la morale et à la religion.

Français, tendons-nous la main; déclarons à la face du monde que nous ne voulons pas la guerre; que nous ne voulons pas nous assaillir comme des bêtes sauvages; que nous voulons, au contraire, en hommes raisonnables et en frères, vivre ensemble, travailler et échanger entre nous les produits de notre travail. Là est notre bonheur commun dans l'avenir.

Que Dieu et la raison soient avec nous.

Avec un salut et un serrement de main fraternels.

Au nom des ouvriers assemblés le 12 mai, à Biebrich.

> J. STEMPF, président.
> H. BOENSCH, vice-président,
> LOEWENBERG, secrétaire,
> F. GRAMMATZ.

La Suisse ne pouvait rester étrangère à cette évolution de l'esprit moderne; la puissante association des *sociétés allemandes en Suisse* y prit part en votant cette adresse :

Aux ouvriers français et à tous les hommes qui reconnaissent le principe de la fraternité.

Frères, amis,

Pourquoi la guerre? Est-ce que l'indépendance du peuple français ou celle du peuple allemand est en danger? Pourquoi la guerre? Est-ce pour faire prospérer le commerce et l'industrie, faire fleurir les sciences et les arts? De quoi est-ce qu'il s'agit? De la garnison à Luxembourg et de la rectification des frontières.

A l'époque où les peuples de la Gaule et de la Germanie étaient encore dans l'état de barbarie, on regarda comme un honneur d'avoir pour frontières de vastes solitudes.

Plus tard, on demandait des frontières naturelles pour que l'homme pût se défendre contre l'homme.

Au Moloch « frontières, » mères, sacrifiez vos enfants ; femmes, vos maris ; familles, vos soutiens ; États, vos citoyens !

Le peuple français et le peuple allemand ont la mission de chercher la vérité, de combattre pour la liberté. Voilà leur gloire, et c'est la seule et unique gloire. Mais s'ils s'entretuent à cause d'une fortification ou d'un fleuve, ils trahissent la cause de l'humanité.

Travailleurs, protestons contre la guerre au nom de la fraternité, au nom de la civilisation !

Nous espérons que les hommes qui se trouvent à la tête de la France et de l'Allemagne ne se laisseront déterminer ni par les passions des partis, ni par d'autres circonstances, à allumer la guerre fratricide.

Vive la France ! vive l'Allemagne !

Le Comité central.

Quoique de semblables manifestations eussent plus de peine à se produire en France, le sentiment public put se faire jour dans les colonnes du *Temps* et du *Phare de la Loire.* La liste serait longue des villes qui, après Nantes, Bordeaux, Strasbourg, Mulhouse, Amiens, apportèrent leur contingent à la ligue de la paix.

A Cosne fut signée par 54 citoyens la pièce suivante, qui résume trop fidèlement la situation pour que nous négligions de la reproduire.

LES OUVRIERS DE COSNE

A leurs frères d'Allemagne.

On cherche en ce moment à égarer les esprits et à réveiller des haines qui ne doivent plus exister. — Pour faire diversion aux idées de liberté, de part et d'autre, on invoque la guerre, comme si la guerre avait jamais pu résoudre aucune question. Qu'a voulu

et cherché la France depuis des siècles par ses penseurs, par
la monarchie, par sa révolution? Constituer cette unité qui a
fait sa force, sa grandeur, sa prospérité. A son exemple,
l'Italie vient de fonder son unité, moins sa capitale qu'elle prendra
demain si elle continue à agir avec prudence et fermeté. Vous,
frères d'Allemagne, que voulez-vous aussi? Fonder l'unité de la
patrie allemande. Et quoi de plus juste et de plus légitime, et
comment la France pourrait-elle condamner ce qu'elle a trouvé
bon pour elle-même? Pourquoi chercherait-elle sa grandeur dans
la faiblesse des peuples ses voisins? Nous, nous ne pouvons que
vous dire : Courage, continuez votre œuvre et complétez-la par
des institutions libérales et démocratiques, pour qu'un jour nous
puissions tous ensemble établir *la grande fédération des peuples.*
Comptez donc sur nos sympathies et non sur des haines d'un
autre âge. N'ayons tous, frères, en deçà comme au delà du Rhin,
qu'un cri : A bas les armes! Vive le travail et la liberté!

Place encore pour cette adresse signée par des habitants
de Brest, et dans laquelle nous sommes heureux de trouver
une adhésion anticipée à nos théories sur l'émigration :

Oui, guerre à la guerre!
Ce n'est pas la peur qui nous fait dire cela! Certes, il est des
cas où la guerre est une des tristes nécessités qu'il faut subir.
Actuellement qu'y gagnerions-nous? Nous n'avons qu'à y perdre!
Est-ce par un préjugé de point d'honneur que nous devons en
venir aux mains? Nous savons que les Allemands n'ont pas peur,
tout aussi bien qu'eux-mêmes connaissent ce que nous valons!
*Serait-ce parce que l'on trouve que, trop peuplée, l'Europe a besoin
qu'il lui soit pratiqué une saignée ? Mais, mon Dieu, que ceux qui se
sentent trop à l'étroit se donnent la peine d'aller rejoindre nos frères
d'Amérique; terrains qui n'attendent que des travailleurs, ouvrages
qui n'attendent que des bras, là ils trouveront des éléments à leur
activité.* Allemands! hommes faits comme nous à l'image de notre
Créateur! nos frères! vous si calmes, si raisonneurs, faites
comme nous : plus de chauvinisme! plus de luttes fratricides!

plus de haines aveugles! Voulez-vous la guerre, y êtes-vous fermement décidés? eh bien, nous vous en proposons une? C'est la
guerre de l'industrie, du progrès, du développement de la science,
de la moralisation des masses, de l'extinction du préjugé, de la
routine et de l'ignorance! Oh! à cette guerre-là nous vous con-
vions de grand cœur, et le vaincu y aura encore gagné beaucoup,
sans compter l'estime du vainqueur.

Quant à ceux qui nous gouvernent, qu'ils croient bien une
chose, et c'est celle-ci : c'est que la France ne veut ni agrandissement de territoire, ni guerre pour y arriver, et que si nous
plaidons la paix au nom de l'humanité, cependant le jour où,
après tous nos efforts pour la combattre, la guerre nous sera dé-
clarée, nous y répondrons comme d'habitude, et serons forts
chez nous! Ce ne serait plus pour nous une guerre de peuple à
peuple, ce serait une guerre de principes, et nous pourrions
avoir, et disons même, nous aurions bien des amis chez nos ennemis!

A nos frères d'Allemagne, salut et fraternité!

A défaut de réunions publiques, qui ne sont point permises
en France, l'opinion s'est révélée par toutes les voies qui lui
restaient ouvertes : plusieurs loges maçonniques se sont
hautement prononcées contre l'éventualité d'une guerre si
fatale aux doctrines de solidarité universelle qu'elles ont
mission de propager.

Les membres des conférences pastorales ont profité de
leur réunion à Paris, pour adresser l'expression de leurs
vœux pacifiques aux pasteurs des églises protestantes d'Allemagne. Cette lettre est signée des noms les plus recom-
mandables de l'Église française réformée.

Ces protestations contre la guerre ont pris un caractère
presque officiel dans les discours prononcés dans des ban-
quets ou dans d'autres réunions par les commissaires des
diverses sections de l'Exposition universelle.

Des femmes enfin, répondant à l'appel de l'honorable M.
Frédéric Passy, un des plus infatigables défenseurs de la
paix, ont recueilli de nombreuses signatures au bas de la
pièce que voici :

Les soussignées, mères, femmes, filles, sœurs, préoccupées à
trop juste titre de l'avenir de leurs familles et du sort de tous
ceux qui leur sont chers, croient devoir, au nom de leurs intérêts comme de leurs affections, protester de toute leur énergie
contre toute guerre qui n'aurait pas pour justification évidente
la défense du sol sacré de la patrie. Elles font, avec confiance,
appel au cœur des mères, femmes, filles et sœurs allemandes; et
elles déclarent, de toute la puissance de leurs convictions et de
leurs vœux, adhérer à la généreuse pensée d'une *ligue internationale de la paix*, destinée à réconcilier dans un mutuel respect, des peuples qu'unissent déjà tant de liens, et que l'avenir doit unir plus étroitement encore.

Il y aurait injustice à oublier les courageux exemples
d'initiative personnelle qui ont été donnés dans cette mé-
morable circonstance. *La Ligue de la paix, le Congrès de la
paix* ont été vaillamment posés et défendus, à Paris par
M. Neffzer dans son journal le *Temps*, et à Nantes par
MM. Mangin, rédacteurs propriétaires du *Phare de la Loire*.

M. Eugène Despois a très-nettement formulé dans ces
quelques lignes son opinion, qui est celle de bien d'autres,
sur le compte des gens qui font trop bon marché de la vie
de leurs semblables :

*Tous ceux qui voteront une guerre offensive, seront tenus de former
un corps d'avant-garde jusqu'à la paix.*

Le même sentiment, sous une autre forme, est exprimé
par M. Edmond Pannier, dans le passage que voici :

Puisque au xixᵉ siècle, au siècle du télégraphe électrique, on
éprouve encore le besoin de s'entr'égorger, nous regrettons

vivement que la mode des combats en champ clos, cette mode
dite des temps barbares, soit tout à fait perdue. La Prusse aurait
choisi son champion, la France aurait pris le sien ; chaque nation aurait même pu en avoir trois comme au temps des Horace
et des Curiace ; on ne risquerait au moins ainsi que de perdre six
hommes, et le vainqueur s'annexerait 200,000 âmes, tandis qu'aujourd'hui, pour s'annexer 200 000 hommes, on va en faire périr
à peu près autant ! Est-ce logique ?

On reconnaîtra aussi que, dans un pays à traditions belliqueuses comme la France, il a fallu une grande fermeté
dans ses convictions et une énergie de caractère toute nouvelle, pour livrer au public la déclaration suivante qu'a
bravement signée M. Charles Lemonnier :

*Je déclare qu'en l'état où sont les choses, je ne veux faire la guerre
ni à la Prusse, ni à aucun peuple en Europe, ou hors d'Europe ;
que je veux la paix ; que spécialement la possession par la Prusse de
la forteresse du Luxembourg ne me paraît pas un cas de guerre ;
que tout disposé à repousser une invasion ou une agression, à cette
heure je suis décidé à user, dans une sphère d'action si limitée qu'elle
soit, de tous les moyens légitimes pour empêcher la guerre.*

Nos lecteurs ont compris sans peine la satisfaction que
nous avons dû éprouver à constater ces manifestations de
l'esprit public en France et en Allemagne, manifestations
qui répondent si bien à l'ensemble des idées que notre
livre a pour but de propager. Pour la première fois qu'elles
s'affirment en face de la politique gouvernementale, quelle
a été leur influence ? Nous ne prétendons pas l'exagérer.
Dans des pays de self-government cette influence eût été
considérable, mais chez des peuples où l'autorité est cen-
tralisée comme en Prusse et en France, il ne faut pas, de ce
premier succès, concevoir de trop chimériques espérances.

L'avenir n'est point encore sauvé, et les appréciations du
Times sont pleines de sagesse quand il dit, en annonçant la
fin des travaux de la conférence :

Tant que la politique de l'Europe sera virtuellement entre les
mains des souverains, au lieu d'être une question nationale pour
chaque peuple ; tant que les nations seront conduites comme des
troupeaux là où leurs gouvernants le voudront, soit au pâturage,
soit à la mort ; tant que de fausses idées d'honneur et des aspirations romanesques de nationalités suffiront pour enflammer les
esprits les plus modérés ; tant que l'étude et la pratique de l'art
de la destruction seront plus honorées et plus appréciées que la
culture des arts de la paix, nous n'aurons aucune solide garantie
qu'il ne se rencontrera pas encore un nouveau Luxembourg dans
quelque autre petite forteresse, pierre d'achoppement d'autres
petites susceptibilités nationales, à propos de quelque traité à
moitié oublié et de quelque État à moitié inconnu.

Toutefois, pour rester dans la question d'actualité que
nous avons abordée, l'opinion publique a le droit de s'attribuer une part des éloges accordés par M. le ministre des
affaires étrangères de France aux travaux de la conférence;
c'est M. de Moustier lui-même qui le constate dans cette
dernière phrase de la communication faite aux chambres
françaises le lundi 13 mai :

Le gouvernement croit enfin utile de faire ressortir ce fait que,
pour la première fois peut-être, la réunion d'une conférence, au
lieu de suivre la guerre et de se borner à en sanctionner les résultats, a réussi à la prévenir et à conserver à l'Europe les bienfaits de la paix. Il y a là un indice précieux des tendances nouvelles qui prévalent de plus en plus dans le monde et dont tous
les amis du progrès pacifique et de la civilisation doivent se ré-
jouir.

Cet éloge, qui est en même temps un aveu, est précieux
à recueillir, et n'y a-t-il pas d'utiles conséquences à en tirer? Si la conférence de Londres, encouragée par les tendances pacifiques de l'opinion, a pu si facilement accomplir
son œuvre, si quelques diplomates hâtivement réunis ont
pu en quelques séances élucider une question si inatten-
due, si complexe, et lui donner une heureuse solution,
quels services n'y aurait-il pas à attendre d'une conférence
permanente, présidant à toutes les transactions des États
entre eux, arbitre du droit européen, prévenant les complications par son expérience, arrêtant les conflits par son
autorité ! N'est-ce pas là le rôle que vient de remplir acci-
dentellement, temporairement la conférence? Est-ce une
audacieuse hypothèse que d'admettre la permanence d'un
accident dont tout le monde s'est bien trouvé? Nous con-
céder cela cependant, c'est presque nous donner notre congrès unitaire.

Il ne resterait plus guère à obtenir en effet que le désarmement général, et pour peu que la conférence tînt quelque
compte de ces tendances de l'opinion, dont M. le ministre
français rend si bon témoignage, elle ne tarderait pas à
inscrire la question dans son programme. Elle n'aurait pas
besoin d'interroger longtemps le sentiment public pour reconnaître combien il s'éloigne chaque jour des traditions
d'antagonisme et de haine; dans la dernière crise que nous
venons de traverser, à peine quelques voix ont-elles osé
s'élever, pour accuser d'inopportunité les manifestations
pacifiques qui se produisaient avec tant d'éclat, et si la
guerre a pu être désirée par quelques esprits malsains,
leurs vœux impies n'ont point affronté la discussion.

Il est enfin une considération dont tout observateur doit

être frappé, car elle caractérise notre époque, non-seulement en Europe, mais partout où la civilisation européenne a pénétré : pendant que 'toutes les autres institutions, beaux-arts, entreprises industrielles, établissements
charitables, instruction publique rencontrent le concours
empressé des associations ou de l'initiative individuelle, la
guerre, et ce qui la concerne, reste exclue de ces libéralités,
et les encouragements qui lui sont donnés, c'est des gouvernements seuls qu'elle les reçoit.

APPENDICE

APPENDICE

———

Nous avons déclaré, dans notre avant-propos, qu'en entreprenant la publication de ce livre, la question d'amour-propre étant la moindre de nos préoccupations, nous étions heureux, dans le développement de nos idées, de nous effacer devant l'autorité des illustres penseurs ou des grands écrivains, qui nous ont tracé la voie, et sur lesquels notre seul avantage est de parler à une génération mieux préparée à nous entendre.

Nous avons mis au bas de nos pages plusieurs citations, qui étaient en quelque sorte le complément de nos propres raisonnements ; mais, à côté de celles que nous avions choisies, il s'en présentait tant d'autres, d'une application tout aussi directe, et les emprunts immédiats que nous aurions pu faire étaient si nombreux, que nous devions craindre de voir les lignes de notre plan s'effacer dans l'esprit du lecteur, et le corps même de l'ouvrage disparaître sous ces brillants ornements. Pour parer à cet inconvénient, sans nous priver d'un concours dont nous sentions tout le prix, nous avons réuni les précieux documents, qui s'offraient à nous, en des chapitres spéciaux répondant aux principaux sujets traités dans notre livre.

On verra, par cet appendice, combien sont vieilles les vérités que nous essayons de rajeunir, et quelle glorieuse légion de précurseurs nous avons eue dans notre œuvre de fraternité et de paix.

LA GUERRE

THUCYDIDE

Dans la paix et au sein de la prospérité, les États et les particuliers ont un meilleur esprit, parce qu'on n'a pas eu à souffrir de dures nécessités. Mais la guerre, qui détruit l'aisance journalière de la vie, donne des leçons de violence et rend conformes à l'âpreté des temps les mœurs de la plupart des citoyens.

TACITE

Si l'on en vient aux mains, la modération et le bon droit sont attribués au plus fort. Ainsi la douceur et l'équité antique des Chérusques sont appelées maintenant lâcheté et sottise ; la fortune des Cattes victorieux est devenue sagesse.

SAINT AUGUSTIN

On acquiert une gloire bien plus solide en exterminant la guerre par les paroles de la paix qu'en exterminant les ennemis par les armes.

LA BOÉTIE

Pauvres gents et misérables, peuples insensés, nations opiniastres en vostre mal et aveugles en vostre bien , vous vous laissez emporter devant vous le plus beau et le plus clair de vostre revenu, piller vos champs, voler vos maisons et les despouiller des meubles anciens et paternels ! Vous vivez de sorte que vous pouvez dire que rien n'est à vous et sembleroit que meshuy à vous seroit grand heur de tenir à moitié vos biens, vos familles et vos vies. Et tout ce dégast, ce malheur, cette ruyne, vous vient non pas des ennemys, mais bien certes de l'ennemy et de celuy que vous faites si grand qu'il est, pour lequel vous allez si courageusement à la guerre, du quel vous ne refusez point de présenter à la mort vos personnes. Celuy qui vous maistrise tant n'a que deux yeulx, n'a que deux mains, n'a qu'un corps, et n'a aultre chose que ce qu'a le moindre homme du grand nombre infiny de vos villes; sinon qu'il a plus que vous tous : c'est l'advantage que vous lui faictes pour vous détruire. D'où a-t-il pris tant d'yeulx? D'où vous espie-t-il, si vous ne les luy donnez? Comment a-t-il tant de mains pour vous frapper, s'il ne les prend de vous ? Les pieds dont il foule vos cités, d'où les a-t-il s'ils ne sont des vostres ? Comment a-t-il aulcun pouvoir sur vous que par vous aultres mesmes ? Comment vous oseroit-il courir sus s'il n'avoit intelligence avecques vous? Que vous pourroit-il, si vous n'étiez receleurs du larron qui vous pille, complices du meurtrier qui vous tue, et traistres de vous-mêmes ? Vous semez vos fruits afin qu'il en face le dégast; vous meublez et remplissez vos maisons pour fournir à ses voleries; vous nourrissez vos filles afin qu'il ayt de quoi

sâouler sa luxure; vous nourrissez vos enfants afin qu'il
les méne, pour le mieux qu'il fasse, en ses guerres, qu'il les
méne à la boucherie, qu'il les fasse les ministres de ses
convoitises, les exécuteurs de ses vengeances; vous rompez
à la peine vos personnes afin qu'il se puisse mignarder en
ses délices et se vautrer dans les sales vilains plaisirs ;
vous vous affoiblissez afin de le faire plus fort et roide à
vous tenir plus courte la bride. Et de tant d'indignités que
les bestes mesmes ou ne sentiroient point ou n'endureroient
point, vous pouvez vous en délivrer, si vous essayez, non
pas de vous en délivrer, mais seulement de le vouloir
faire. Soyez résolus de ne servir plus, et vous voilà libres !
Je ne veulx pas que vous le poulsiez ny le branliez, mais
seulement ne le soubstenez plus : et vous le verrez comme
un grand colosse à qui on a desrobbé la base, de son poids
mesme fondre en bas et se rompre.

Ces mouvements guerriers qui nous ravissent de leur
horreur et espoventement, cette tempeste de sons et de
cris, cette effroyable ordonnance de tant de milliers
d'hommes armés, tant de fureur, d'ardeur et de courage,
il est plaisant à considerer par combien vaines occasions
elle est agitee et par combien legieres occasions esteincte.
Toute l'Asie se perdit et se consomma en guerres pour le
macquerellage de Pâris. L'envie d'un seul homme, un des-
pit, un plaisir, une ialousie domestique, causes qui ne deb-
vraient pas esmouvoir deux harengieres à s'esgratigner,
c'est l'ame et le mouvement de tout ce grand trouble...
Les ames des empereurs et des savetiers sont iectees à
mesme moule : considerant l'importance des actions des

princes et leur poids, nous nous persuadons qu'elles soient produictes par quelques causes aussi poisantes et importantes ; nous nous trompons : ils sont menez et ramenez en leurs mouvements par les mesmes ressorts que nous sommes aux nostres. La mesme raison qui nous faict tanser avecques un voisin dresse entre les princes une guerre ; la mesme raison qui nous faict fouetter un laquay, tumbant en un roy, luy faict ruyner une province.

CALVIN

Ceux qui ont le glaive sont ennemis de Dieu.

PASCAL

Se peut-il rien de plus plaisant qu'un homme ait droit de me tuer parce qu'il demeure au delà de l'eau, et que son prince a querelle contre le mien, quoique je n'en aie aucune avec lui?

—Pourquoi me tuez-vous ?

— Eh quoi! ne demeurez-vous pas de l'autre côté de l'eau ?

— Mon ami, si vous demeuriez de ce côté, je serais un assassin, cela serait injuste de vous tuer de la sorte ; mais puisque vous demeurez de l'autre côté, je suis un brave, et cela est juste...

LA BRUYÈRE

La science des détails et une diligente attention aux moindres besoins de la république est une partie essentielle au bon gouvernement, trop négligée à la vérité dans les derniers temps par les rois ou par les ministres, mais qu'on ne

peut trop souhaiter dans le souverain qui l'ignore, ni assez
estimer dans celui qui la possède.

Que sert en effet au bien des peuples et à la douceur de
leurs jours que le prince place les bornes de son empire au
delà des terres de ses ennemis ; qu'il fasse de leurs souve-
rainetés des provinces de son empire, qu'il leur soit également supérieur par les batailles, et qu'ils ne soient devant
lui en sûreté ni dans les siéges et par les plaines ni dans les
plus forts bastions ; que les nations s'appellent les unes les
autres, se liguent ensemble pour se défendre et pour l'arrêter, qu'elles se liguent en vain, qu'il marche toujours et
qu'il triomphe toujours, que leurs dernières espérances
soient tombées par l'affermissement d'une santé qui donnera
au monarque le plaisir de voir les princes, ses petits-fils,
soutenir ou accroître ses destinées, se mettre en campagne,
s'emparer de redoutables forteresses, et conquérir de nouveaux États, commander de vieux et expérimentés capi-
taines, moins par leur rang et leur naissance que par leur
génie et leur sagesse, suivre les traces augustes de leur victorieux père, imiter sa bonté, sa docilité, son équité, sa
vigilance, son intrépidité ? Que me servirait, en un mot,
comme à tout le peuple, que le prince fût heureux et com-
blé de gloire par lui-même et par les siens, que ma patrie
fût puissante et formidable, si, triste et inquiet, j'y vivais
dans l'oppression et dans l'indigence ?

MADAME DE MAINTENON

J'ai entendu une belle déclamation du père Mascaron. Il
a dit que les héros étaient des gens qui faisaient à la tête
d'une armée ce qu'un larron fait tout seul. Notre maître n'en
a pas été content.

FÉNELON

Les hommes sont tous frères et ils s'entre-déchirent; les bêtes farouches sont moins cruelles.

Quand les hommes veulent de la gloire, que ne la cherchent-ils dans l'application à faire du bien ! Oh ! qu'ils s'entendent mal en gloire d'en espérer une solide en ravageant la terre et en répandant le sang humain !

Quelle fureur aveugle pousse les malheureux mortels ! Ils ont si peu de jours à vivre sur la terre; ces jours sont si misérables; pourquoi précipiter une mort déjà si prochaine? Pourquoi ajouter tant de désolations affreuses à l'amertume dont les dieux ont rempli cette vie si courte ? Les hommes sont tous frères, et ils s'entre-déchirent; les bêtes farouches sont moins cruelles qu'eux. Les lions ne font point la guerre aux lions, ni les tigres aux tigres : ils n'attaquent que les animaux d'espèce différente. L'homme seul, malgré sa raison, fait ce que les animaux sans raison ne firent jamais.

Mais encore, pourquoi ces guerres? N'y a-t-il pas assez de terres dans l'univers pour en donner à tous les hommes plus qu'ils n'en peuvent cultiver! Combien y a-t-il de terres désertes! le genre humain ne saurait les remplir. Quoi donc! une fausse gloire, un vain titre de conquérant qu'un prince veut acquérir, allume la guerre dans des pays immenses! Ainsi un seul homme donné au monde par la colère des dieux sacrifie brutalement tant d'autres hommes à sa vanité : il faut que tout périsse, que tout nage dans le sang, que tout soit dévoré par les flammes, que ce qui échappe au fer et au feu ne puisse échapper à la faim, encore plus cruelle, afin qu'un seul homme, qui se joue de la nature humaine entière, trouve dans cette destruction générale son plaisir et sa gloire! Quelle gloire monstrueuse! Peut-on trop abhorrer et trop mépriser les hommes qui ont tellement oublié l'humanité? Non, non, bien loin d'être des demi-dieux, ce ne sont pas même des hommes; ils doivent être en exécration à tous les siècles dont ils ont cru être admirés. Oh! que les rois doivent prendre garde aux guerres qu'ils entreprennent! Elles doivent être justes : ce n'est pas assez, il faut qu'elles soient nécessaires pour le bien public. Le sang d'un peuple ne doit être versé que pour sauver ce même peuple dans les besoins extrêmes. Mais les conseils flatteurs, les fausses idées de gloire, les vaines jalousies, l'injuste avidité, qui se couvre de beaux prétextes, enfin les engagements insensibles, entraînent presque toujours les rois dans des guerres où ils se rendent malheureux, où ils hasardent tout sans nécessité, et où ils font autant de mal à leurs sujets qu'à leurs ennemis.

MASSILLON

Les rois s'élèvent contre les rois, les peuples contre les peuples; les mers, qui les séparent, les rejoignent pour s'entre-détruire ; un vil monceau de pierres arme leur fureur et leur vengeance, et des nations entières vont périr et s'ensevelir sous ses murs, pour disputer à qui demeureront ses ruines; la terre n'est pas assez vaste pour les contenir et les fixer chacun dans les bornes que la nature elle-même semble avoir mises aux États et aux empires; chacun veut usurper sur son voisin, et un misérable champ de bataille, qui suffit à peine pour la sépulture de ceux qui l'ont disputé, devient le prix des ruisseaux de sang dont il demeure à jamais souillé.

VOLTAIRE

Ne faudra-t-il pas signer la paix après la guerre ? Que ne le fait-on tout d'un coup ?

Je n'ai jamais connu de guerre juste; cela me semble contradictoire et impossible. J'entends guerre *offensive*, la *défensive* n'est autre chose que la résistance à des voleurs armés.

Il faut avouer que, de toutes guerres, celle de Spartacus est la plus juste et peut-être la seule juste.

J'ai dit que toutes les horreurs qui marchent à la suite de la guerre sont commises sans le moindre remords. Rien n'est plus vrai. Nul ne rougit de ce qu'il fait de compagnie. Chacun est encouragé par l'exemple; c'est à qui massacrera, à qui pillera le plus : on y met sa gloire.

Des bords du Pô jusqu'à ceux du Danube, on bénit de tous côtés, au nom du même Dieu, ces drapeaux sous lesquels marchent des milliers de meurtriers mercenaires à qui l'esprit de débauche, de libertinage et de rapine a fait quitter leurs campagnes; ils vont et ils changent de maîtres; ils s'exposent à un supplice infâme pour un léger intérêt; le jour du combat vient, et le soldat attend avec avidité le moment où il pourra, dans le champ du carnage, arracher aux mourants quelques malheureuses dépouilles qui lui sont enlevées par d'autres mains.

Les janissaires ont fait la grandeur des sultans, mais aussi ils les ont étranglés.

Le plus déterminé des flatteurs conviendra sans peine que la guerre traîne toujours à sa suite la peste et la famine, pour peu qu'il ait vu les hôpitaux des armées d'Allemagne et qu'il ait passé dans quelque village où il se sera fait quelque grand exploit de guerre.

Un généalogiste prouve à un prince qu'il descend en droite ligne d'un comte dont les parents avaient fait un pacte de famille il y a trois ou quatre cents ans avec une maison dont la mémoire même ne subsiste plus. Cette maison avait des prétentions éloignées sur une province dont le dernier possesseur est mort d'apoplexie. Le prince et son conseil voient son droit évident. Cette province, qui est à quelques centaines de lieues de lui, a beau protester qu'elle ne le connaît pas, qu'elle n'a nulle envie d'être gouvernée par lui; que, pour donner des lois aux gens, il faut au moins avoir leur consentement; ces discours ne parviennent même pas aux oreilles du prince dont le droit est incontestable. Il trouve incontinent un grand nombre d'hommes qui n'ont rien à perdre; il les habille d'un gros drap bleu à cent dix sous l'aune, borde leurs chapeaux avec du gros fil blanc, les fait tourner à droite et à gauche, et marcher à la gloire.

Les autres provinces, qui entendent parler de cette équi-
pée, y prennent part, chacune selon son pouvoir, et
couvrent une petite étendue de pays de plus de meurtriers
mercenaires que Gengiskan, Tamerlan, Bajazet, n'en traî-
nèrent à leur suite. Des peuples assez éloignés entendent
dire qu'on va se battre, et qu'il y a cinq ou six sous par
jour à gagner pour eux, s'ils veulent être de la partie; ils
se divisent aussitôt en deux bandes comme des moisson-
neurs, et vont vendre leurs services à qui veut les employer. Ces multitudes s'acharnent les unes contre les
autres, non-seulement sans avoir aucun intérêt au procès,
mais sans savoir même de quoi il s'agit. On voit à la fois
cinq ou six puissances belligérantes, tantôt trois contre
trois, tantôt deux contre quatre, tôt une contre cinq, se
détestant toutes également les unes les autres, s'unissant et
s'attaquant tour à tour ; toutes d'accord en un seul point,
celui de faire tout le mal possible.

Le merveilleux de cette entreprise infernale, c'est que
chaque chef des meurtriers fait bénir ses drapeaux et invoque Dieu solennellement avant d'aller exterminer son
prochain. Si un chef n'a eu que le bonheur de faire égorger deux ou trois mille hommes, il n'en remercie point
Dieu ; mais lorsqu'il y en a eu environ dix mille d'extermi-
nés par le feu et le fer, et que, pour comble de grâce,
quelque ville a été détruite de fond en comble, alors on
chante à quatre parties une chanson assez longue, compo-
sée dans une langue inconnue à tous ceux qui ont combattu, et de plus toute farcie de barbarismes.

Vous ne passerez point par une seule ville de France que
vous ne trouviez de bonnes geus qui se vantent d'avoir eu

César chez eux. Plus d'un seigneur de paroisse montre une vieille tour qui lui sert de colombier, et dit que c'est César qui a pourvu au logement de ses pigeons. Chaque province dispute à sa voisine l'honneur d'être la première en date à qui César donna les étrivières : c'est par ce chemin — non, c'est par cet autre — qu'il passa pour nous égorger et pour caresser nos femmes et nos filles, pour nous imposer des lois par interprètes, et pour nous prendre le très-peu d'argent que nous avions.

Les Indiens sont plus sages... Ils savent confusément qu'un *grand brigand, nommé Alexandre,* passa chez eux après d'autres brigands, et ils n'en parlent presque jamais.

Les savants de Vannes s'enorgueillissaient devant un antiquaire du séjour de César dans leur ville. « Vous avez sans doute, leur dit-il, quelques monuments de ce grand homme? — Oui, répondit le plus notable; nous vous montrerons l'endroit où ce héros fit pendre tout le sénat de notre province, au nombre de six cents... — J'ai dans ma poche, dit l'antiquaire, une médaille à fleur de coin qui représente le triomphe de César au Capitole. Il montra sa médaille. Un Breton un peu brusque la prit et la jeta dans la rivière : « Que ne puis-je, dit-il, y noyer aussi tous ceux qui se servent de leur puissance pour opprimer les autres hommes ! »

FRÉDÉRIC, PRINCE ROYAL DE PRUSSE

Ainsi, quand le démon, altéré de carnage,
Sous ses drapeaux sanglants rassemble les humains;
Que la destruction, la mort, l'aveugle rage
Des vaincus, des vainqueurs, a fixé les destins,
De haine et de fureur, follement animées,
S'égorgent de sang-froid deux puissantes armées.

La terre de leur sang s'abreuve avec horreur;
L'enfer de leur succès empoisonne la source;
 Le ciel au loin gémit de leur clameur,
Et les flots pleins de morts interrompent leur course.

. . . .

Monarques malheureux, ce sont vos mains fatales
Qui nourrissent les feux de ces embrasements;
La haine, l'intérêt, déités infernales,
Précipitent vos pas dans ces égarements.
Accablés sous le poids de nombreuses provinces,
Vous en voulez encor ravir à d'autres princes!
Payez de votre rang les frais de votre orgueil;
Laissez le fils tranquille et le père à ses filles;
Qu'ainsi que les succès, les malheurs et le deuil
Ne touchent de l'État que vos seules familles...

Ce globe spacieux qu'enferme l'univers,
Ce globe, des humains la commune patrie,
Où cent peuples nombreux, de cent climats divers,
Ne forment, rassemblés, qu'une ample colonie,
Distingués par leurs traits, par leurs religions,
Leurs coutumes, leurs mœurs et leurs opinions,
Du ciel, qui les forma sur un même modèle,
Reçurent tous des cœurs, et c'était pour s'aimer.

Détestez, insensés, votre rage cruelle;
L'amour ne pourra-t-il jamais vous désarmer?

. . . .

JEAN--JACQUES ROUSSEAU

Tel est le droit de guerre parmi les peuples savants, bien
unis et polis de l'Europe. On ne se borne pas à faire à son
ennemi tout le mal dont on peut tirer du profit; mais on
compte pour un profit tout le mal qu'on peut lui faire en
pure perte.

Il est facile encore de comprendre que, d'un côté, la
guerre et les conquêtes, de l'autre les progrès du despotisme s'entr'aident mutuellement ; qu'on prend à discrétion,
dans un peuple d'esclaves, de l'argent et des hommes pour en
subjuguer d'autres ; que réciproquement la guerre fournit un
prétexte aux exactions pécuniaires, et un autre non moins
spécieux d'avoir toujours de grandes armées pour tenir le
peuple en respect. Enfin, chacun voit assez que les princes
conquérants font pour le moins autant la guerre à leurs sujets
qu'à leurs ennemis, et que la condition des vainqueurs n'est
pas meilleure que celle des vaincus. *J'ai battu les Romains,*
écrivait Annibal aux Carthaginois, *envoyez-moi des troupes ;
j'ai mis l'Italie à contribution, envoyez-moi de l'argent.* Voilà
ce que signifient les *Te Deum,* les feux de joie et l'allé-
gresse du peuple aux triomphes de ses maîtres.

Par la manière dont la guerre se fait aujourd'hui, la
moindre dépopulation qu'elle produit est celle qui se fait
dans les armées. C'est bien là la perte apparente et sensible,
mais il s'en fait en même temps dans tout l'État une plus
grave et plus irréparable que celle des hommes qui meu-
rent, par ceux qui ne naissent pas, par l'augmentation des
impôts, par l'interruption du commerce, par la désertion
des campagnes, par l'abandon de l'agriculture ; ce mal,
qu'on n'aperçoit point d'abord, se fait sentir cruellement
dans la suite, et c'est alors qu'on est étonné d'être si faible
pour s'être rendu si puissant.

De deux États qui nourrissent le même nombre d'habitants, celui qui occupe une moindre étendue de terre est réellement le plus puissant. C'est donc par de bonnes lois, par une sage police, par de grandes vues économiques, qu'un souverain judicieux est sûr d'augmenter ses forces sans rien donner au hasard. Les véritables conquêtes qu'il fait sur ses voisins sont les établissements plus utiles qu'il forme dans ses États, et tous les sujets de plus qui lui naissent sont autant d'ennemis qu'il tue.

SAINT-ÉVREMOND

La guerre est le métier des malheureux ou des sots.

D'HOLBACH

Les guerres les plus heureuses n'amènent point la paix; elle amènent des guerres nouvelles excitées par la défiance et les craintes qu'une ambition remuante fait naître dans les esprits des voisins. De là cette inquiétude universelle répandue dans tous les gouvernements, qui les force de tenir en tout temps sur pied des armées formidables, également ruineuses pour tous les États, et dont l'effet est de rendre la paix même inutile aux nations.

Le vulgaire stupide a de tout temps admiré et révéré, comme des héros et des dieux, quelques brigands célèbres que l'histoire ne nous a fait connaître que par leurs affreux massacres. Quels droits peuvent avoir à l'estime des hommes tant de gladiateurs mémorables qui, comme les déluges, les volcans et les contagions, ne se sont illustrés que par leurs tristes ravages? Quelles idées sauvages de gloire peuvent s'être formées des êtres assez extravagants

pour nous vanter les hauts faits d'un Alexandre, d'un César,
d'un Pompée? Pline nous apprend que le grand Pompée,
après avoir triomphé de plusieurs peuples de l'Asie, bâtit
de leurs dépouilles un temple à Minerve, à l'entrée duquel
il fit mettre l'inscription suivante, bien digne d'être ap-
prouvée par des Romains : « Pompée le Grand, général,
après avoir terminé une guerre de trente ans ; après avoir
défait, mis en fuite, tué et fait prisonniers deux millions
cent quatre-vingt-trois mille hommes; après avoir coulé à
fond ou pris huit cent quarante-six vaisseaux; après avoir
soumis mille cinq cent trente-huit villes et forteresses;
après avoir subjugué tous les pays contenus entre la mer
Rouge et le Palus-Méotide, s'acquitte justement de ce vœu
à Minerve. »

TURGOT

La manie des conquêtes, l'intolérance religieuse, l'esclavage du commerce, sont trois monstres qui ont coûté la vie
à des millions d'hommes.

MIRABEAU

Les troupes réglées, les armées perpétuelles, n'ont été,
ne sont et ne seront bonnes qu'à établir l'autorité arbitraire
et à la maintenir; or, je ne suis pas de ces mercenaires qui
ne connaissant que celui dont ils reçoivent la solde, ne se
rappellent jamais que cette solde est payée par le peuple;
qui s'honorent de servir un homme, tandis qu'ils devraient
se croire uniquement destinés à la défense de leur patrie ;
qui volent aux ordres de celui qu'ils appellent leur *maître*
mot infâme, injurieux au peuple et à la nation), sans

penser qu'ils se réduisent à porter une livrée plutôt qu'un
uniforme, sans savoir que le plus vil, le plus odieux, le plus
détestable des métiers est celui de satellite d'un despote,
de geôlier de ses frères : le service ne me convient donc
pas.

CONDORCET

Les guerres entre les peuples, comme les assassinats, seront au nombre de ces atrocités extraordinaires qui humi-
lient et révoltent la nature, qui impriment un long op-
probre sur le pays, sur le siècle dont les annales en ont été
souillées.

DUPONT DE NEMOURS

Les grandes armées sont encore plus funestes à la nation
qui s'épuise pour les mettre en campagne qu'à l'ennemi
qu'elles sont destinées à combattre.

GIBBON

Tant que les hommes exalteront plutôt ceux qui les écra-
sent que leurs véritables bienfaiteurs, la guerre sera toujours considérée comme le chemin de la gloire.

CHATEAUBRIAND

Ces énormes batailles de Napoléon sont au delà de la
gloire; l'œil ne peut embrasser ces champs de carnage,
qui, en définitive, n'amènent aucun résultat proportionné à
leurs calamités.

LEMONTEY

L'État permanent de guerre facilita à Louis XIV l'établissement de la puissance absolue, et le familiarisa trop avec

le danger d'appliquer au gouvernement civil la discipline
des camps. Comme il ne désarmait point pendant la paix,
et comme, à proportion que ses succès diminuaient, son in
flexible fermeté redoublait d'efforts, il en résulta un prodigieux accroissement de nos forces militaires. L'armée de
50,000 hommes qu'il avait reçue de ses pères, s'éleva, avant
la fin de son règne, à plus de 400,000.

Ce que l'ambition de Charles-Quint et de Philippe II n'a-
vait pu faire, parce qu'ils agirent sur un trop vaste espace,
l'ambition de Louis XIV l'effectua, et, en obligeant les autres
souverains, par la nécessité de la défense, à porter ainsi le
nombre de leurs troupes à un excès jusqu'alors inconnu, il
donna pour toujours à l'Europe le plus grand des fléaux.

C'est une lèpre attachée aux États modernes qui use et
corrompt leur substance, et oppose un fatal obstacle au
bonheur privé, à l'économie publique et au perfectionnement de toute bonne civilisation. Enfin, les guerres de ce
règne durent, comme toutes les longues inimitiés, devenir
une école d'injustice, et endurcir aux plus grands crimes.
.Le sage Turenne lui-même souilla sa gloire par de cruels
ravages dans le Palatinat. Plus d'un siècle s'est écoulé, et la
vengeance qui veille sur ses ruines, les montre encore au
voyageur. L'Europe serait depuis longtemps un désert si
cet horrible droit des gens se fût accrédité.

CHANNING

En un mot, je regarde la guerre avec un sentiment
d'horreur que nulle expression ne saurait rendre. J'ai
longtemps manqué de la patience nécessaire pour lire des
récits de batailles. Si tout le monde était de mon humeur,

aucun homme ne voudrait combattre pour la gloire ; car le nom d'un général qui n'a pas d'autre droit au respect ne vient point sur mes lèvres, et le manque de sympathie l'arrache bientôt de mon esprit. L'homme, ce fils immortel de Dieu, massacré par son frère ; la terre et la mer teintes de sang humain par des mains humaines ; ces femmes, ces enfants écrasés sous les ruines des cités assiégées, les ressources les plus nombreuses des États, les forces les plus puissantes de la nature, converties par la malignité de l'homme en des instruments de torture et de destruction : tout cela donne à notre globe l'apparence de l'enfer... Encore une fois, je ne saurais me battre contre telle ou telle nation. Ce peuple n'est point pour moi une simple abstraction ; ce n'est point une masse confuse. Il apparaît à mes yeux comme autant d'individus sous des milliers de formes et de rapports intéressants. Je le vois composé de maris et de femmes, de pères et de fils qui s'aiment les uns les autres autant que j'aime les miens. Ce sont des épouses dévouées et des enfants aimables ; ce sont des chrétiens unis avec moi en notre commun Sauveur. C'est une immense multitude de laboureurs à la charrue et d'artisans dans leurs ateliers, dont j'aime les utiles travaux, dont je voudrais éclairer l'intelligence, dont je souhaite l'élévation et le bonheur. Ce sont encore des hommes de goût, de génie, d'érudition, dont les écrits ont souvent charmé mes heures solitaires. Et voilà la nation que j'irais combattre.

COMTE ET DUNOYER

Avant d'examiner si les frais que nous faisons pour l'entretien d'une armée sont proportionnés à la force et aux besoins de cette armée, il y aurait peut-être une première recherche à faire : ce serait de savoir si l'armée elle-même ne serait pas inutile à notre sûreté, et si, sous ce rapport, la dépense entière ne serait pas superflue.

L'expérience a déjà démontré l'insuffisance des armées permanentes pour résister aux grandes invasions. D'ailleurs, pour nous prémunir et pour se prémunir contre de tels périls, le gouvernement a un bien meilleur moyen que d'entretenir de nombreuses armées : c'est de nous intéresser à le défendre, c'est de nous traiter plus doucement que ne ferait l'ennemi, c'est, dans une année de détresse, de ne pas prendre 1,100 millions de nos revenus, c'est de ne pas nous donner en retour des lois d'exception.

A proprement parler, notre armée n'est qu'un vaste cadre à officiers. Elle n'existe pas comme instrument de défense, mais comme moyen de placer des militaires en grade. Elle n'existe que pour eux et à cause d'eux, comme la plupart de nos administrations n'existent qu'à cause des hommes et pour les hommes qui les remplissent. Nous avons ainsi au milieu de nous une multitude d'*hommes à places,* qui ne nous rendent véritablement aucun service, qui ne font que nous gêner, que nous opprimer fort souvent, et qu'il nous faut payer cependant comme s'ils nous étaient essentiellement utiles.

C'est par suite de cet abus qu'il a fallu former une armée dont le cadre fût assez vaste pour contenir le plus grand nombre possible d'officiers armés, dans laquelle on compte aujourd'hui presque autant de chefs que de soldats, et dont les états-majors coûtent à eux seuls une somme presque égale à la moitié de celle qu'on dépense pour la solde entière des troupes de toutes armes.

LOUIS-PHILIPPE

La paix est le besoin de tous les peuples, **et la guerre** coûte beaucoup trop aujourd'hui pour s'y engager souvent; je suis persuadé que le jour viendra où, **dans le** monde civilisé, on ne la fera plus.

GÉNÉRAL PAIXHANS

Si, afin d'être fort, on entretient pendant **la paix assez** de soldats exercés pour être en état de faire **la guerre, on** ruine ses finances et on détruit les premiers **éléments de la** force.

LAMARTINE

Ce n'est pas la liberté qui court le plus grand **danger** dans la guerre. La guerre est toujours une **dictature. Les** soldats oublient les institutions pour les **hommes. Les** trônes tentent les ambitieux. La gloire éblouit le patriotisme. Le prestige d'un nom victorieux voile l'attentat contre la souveraineté nationale.

JEAN-BAPTISTE SAY

Loin de protéger l'indépendance nationale, un **grand** État militaire est peut-être ce qui la compromet le **plus.** Les gouvernants, les hommes qui ont la direction **des** forces nationales affectent envers les puissances étrangères un langage d'autant plus hautain, qu'ils ont à leur disposition de grandes forces prêtes à agir au loin. Ils communiquent cette espèce d'orgueil à la nation elle-même. **Les**

militaires, étrangers aux arts de la paix, et n'entrevoyant
de l'avancement et de bonnes occasions de fortune que
dans la guerre, la désirent, et l'on trouve toujours de
bonnes raisons pour provoquer ce que l'on désire. Si
Louis XIV ne s'était pas vu à la tête de si belles armées,
il n'eût pas montré tant de hauteur envers les autres
peuples; et Napoléon, s'il n'avait pas eu le commandement
des armées les plus braves et les mieux disciplinées du
monde, aurait mis son ambition à améliorer le sort intérieur de la France, il s'en serait mieux trouvé et nous
aussi.

Les grandes armées permanentes qu'entretiennent les
puissances de l'Europe ne subsistent pas de pillage, du
moins en temps ordinaire ; mais remarquons qu'elles
pèsent d'un poids énorme sur les populations industrieuses qui travaillent à les entretenir. On est même obligé
d'employer le stimulant de la vanité nationale pour engager ces nations à un travail aussi rude. On les entretient
dans des idées de puissance et de gloriole militaire. On leur
fait envisager un grand déploiement de forces comme le
seul fondement solide de leur sécurité ; on fait parader à
leurs yeux des corps d'infanterie et de cavalerie; on les
enivre en temps de paix des sons d'une musique guerrière,
du bruit des tambours, du fracas des canons; mais tout
cela coûte excessivement cher; c'est un luxe qui n'est pas
moins ruineux que tout autre. Toute guerre, sans parler de
l'horreur de tuer ses semblables, toute guerre n'est qu'une
duperie.

Ce qu'il faut surtout remarquer, c'est que ces forces militaires si imposantes n'ont jamais atteint le but qui aurait pu les justifier, le seul but qui importe véritablement aux nations : la défense de leurs établissements intérieurs, de leurs lois, de leur indépendance. Partout les armées ont attiré d'autant plus sûrement la guerre et les maux qui l'accompagnent qu'elles ont été plus redoutables. *Il n'en est aucune qui ait préservé son pays d'une invasion.* Le vieux proverbe , *si vis pacem, para bellum,* était bon chez les anciens ; la force décidait de tout. Il n'est plus chez les modernes l'expression de la vérité.... On ne sait pas encore combien il faudrait peu de troupes à un État qui n'élèverait jamais aucune prétention sur les autres, qui ne chercherait point à les dominer.

On voit dans un tableau officiel que les dépenses *avouées* de la guerre, de 1802 à 1813, se sont mon-

tées à	4,733,000,000
Les campagnes de 1814 et 1815 . . .	267,000,000
Total pour la France	5,000.000,000
Les contributions levées sur les pays ennemis se sont montées à	5,000,000.000
Total	10,000,000,000

Ces 10 milliards, employés pour le bien de la France et des autres États de l'Europe, auraient eu des résultats immenses.

LACORDAIRE

Toute guerre de délivrance est sacrée, toute guerre d'oppression est maudite.

ALFRED DE VIGNY

Non, j'en atteste les soulèvements de conscience de tout homme qui a vu couler ou fait couler le sang de ses concitoyens, ce n'est pas assez d'une seule tête pour porter un poids aussi lourd que celui de tant de meurtres ; ce ne serait pas trop d'autant de têtes qu'il y a de combattants. Pour être responsable de la loi de sang qu'elles exécutent, il serait juste qu'elles l'eussent au moins bien comprise. Mais les institutions meilleures, réclamées ici, ne seront elles-mêmes que très-passagères, car, encore une fois, les armées et la guerre n'auront qu'un temps ; car, malgré les paroles d'un sophiste, que j'ai combattu ailleurs, il n'est point vrai que, même contre l'étranger, la guerre soit divine : il n'est point vrai que *la terre soit avide de sang !* La guerre est maudite de Dieu et des hommes mêmes qui la font et qui ont d'elle une secrète horreur, et la terre ne crie au ciel que pour lui demander l'eau fraîche de ses fleurs et la rosée pure de ses nuées.

JULES BASTIDE

Il n'y a point de guerres offensives sans armée permanente, point d'armée permanente sans tribunaux d'exception et sans obéissance passive. Et que l'obéissance passive, combinée avec l'amour des richesses, des honneurs, des broderies, avec le mépris des droits et de l'existence de ses semblables, nous façonne promptement à devenir les valets de quiconque dispense l'or et les oripeaux et met sa volonté à la place des lois !

Si la France, délivrée des armées étrangères en 1792, s'é-
tait modestement bornée à organiser la liberté sur son sol,
l'Europe, fécondée par l'exemple, serait affranchie aujour-
d'hui et ne formerait qu'une seule nation, deux millions
d'hommes n'auraient pas péri, et des guerres nouvelles ne
seraient pas menaçantes.

En suivant une marche contraire, on a rendu plus profondes les divisions de peuple à peuple ; en décrétant la
guerre, on a décrété le despotisme.

Il y a sur la place Vendôme une statue, qui s'élève à plus
de 40 mètres. Eh bien! si les cadavres de tous ceux qui
sont morts pour qu'on pût élever ce trophée glorieux
étaient couchés côte à côte sur tout le sol de la place,
comme ils le sont dans la fosse commune, ils formeraient
une pyramide qui monterait bien plus haut que la colonne,
et la statue aurait 120 mètres de cadavres par-dessus la
tête.

BONVALOT

« Croissez et multipliez ! » a dit l'Eternel ; et malgré cet
ordre suprême, un épouvantable blasphème ne cesse de
retentir à nos oreilles.

La guerre! la guerre! criez-vous; car la population,
toujours croissante, amènera bientôt une surabondance
d'habitants, qui finiront par s'entre-dévorer. Terreur panique! Rassurez-vous : des calculs exacts prouvent que le

globe n'offre pas encore la sixième partie des hommes
qu'il pourrait contenir. En effet, terme moyen, une lieue
carrée (4 kilomètres) nourrit mille habitants. Or, la terre a
six millions de lieues carrées, il devrait y avoir six milliards
d'habitants, il n'y en a que neuf cent vingt-sept millions;
il en manque donc cinq milliards soixante-treize millions.

BUCHANAN

Quand on considère que l'art de la guerre fait couler le
sang par torrents, et qu'il porte partout la misère et la destruction, on n'hésitera pas à le regarder comme atroce et
barbare. La guerre, le mépris du danger et la hardiesse seront toujours populaires ; mais qu'y a-t-il, sous ces dehors
de générosité et de grands sentiments, de réellement admi-
rable dans le caractère d'un soldat, qui ne fait que marcher aveuglément à la suite d'un chef victorieux, victime
lui-même de son ambition, et sans égard pour les malheurs
qui accompagnent ses triomphes ? En réfléchissant que la
gloire du soldat naît des souffrances de l'humanité, il nous
paraît douteux qu'on puisse applaudir à un art qui ne s'é-
lève que par la destruction de la félicité humaine.

Chez une nation éclairée et avec un gouvernement libre,
une armée permanente n'est pas seulement inutile, mais
encore dangereuse, puisque, évidemment, elle met le pouvoir entre les mains du souverain. Les lois et les institutions
les plus sages ne sont d'aucune utilité si les garanties de
l'exécution leur manque ; et comment une pareille garantie
pourrait-elle exister quand le souverain dispose d'un ins-

trument de violence aussi formidable ? Le soldat, par profession, n'est pas très-disposé à soutenir la cause de la liberté et de l'ordre ; il est violent par état, et il est toujours prêt à seconder les vues de ses chefs. Adam Smith
a dit avec justesse qu'avec une armée régulière et permanente, le souverain peut dédaigner toutes les démonstrations injustes, séditieuses et turbulentes ; mais ne peut-il
pas également dédaigner toute espèce de représentation ?
*Et les hommes au pouvoir, appuyés surtout sur une bonne ar-
mée, ne sont-ils pas presque toujours enclins à regarder
comme séditieuses et turbulentes les démonstrations qui ont pour
but d'examiner leur conduite ?*

EUGÈNE PELLETAN

Nous aimons la paix par plus d'une raison sans doute,
mais avant tout, par cette raison qu'elle donne la liberté.
C'est dans la paix en effet, et uniquement par la paix, que
la liberté a toujours grandi et grandira encore si la loi du
progrès tient parole. On a fait la guerre, au commencement
du siècle, avec toute la verve et toute la grâce du caractère
français. On marchait, on combattait, on mourait, on pas-
sait glorieusement du plaisir au danger, entre un bouquet
de femme et un boulet de canon. Mais, pendant ce temps-là,
qui songeait à la liberté ? A chaque victoire, au contraire,
une pierre tombait de l'édifice démoli pièce à pièce de la
Révolution.

HENRI MARTIN

L'introduction générale des armées permanentes, renou-
velées de l'empire romain par la France, et bientôt imitées

par le reste de l'Europe, devait coïncider avec le développement général des gouvernements monarchiques.

THÉOPHILE GAUTIER

On dirait que les hommes ont peur de ne pas mourir, à voir ce qu'ils inventent pour se tuer.

ERCKMAN-CHATRIAN

Les hommes inventent des machines pareilles pour leur propre extermination, et croiraient faire beaucoup d'en sacrifier le quart pour soulager leurs semblables, pour les instruire dans l'enfance et leur donner un peu de pain dans la vieillesse. Ah ! ceux qui crient contre la guerre et qui demandent des changements n'ont pas tort !

Quand les hommes se déchirent sans pitié, pourquoi la mort ne viendrait-elle pas à leur aide? Mais ce pauvre enfant, qu'avait-il fait pour mourir sitôt? Voilà, Fritz, ce qui doit nous faire frémir : il faut que nous expiions le crime de quelques-uns ! Oui, quand je pense que mon enfant est mort de cette peste amenée par la guerre du fond de la Russie jusque chez nous, et dont toute l'Alsace et la Lorraine ont été ravagées six mois, au lieu d'accuser l'Éternel, comme font les impies, j'en accuse les hommes. Dieu ne leur a-t-il pas donné la raison ? Et quand ils ne s'en servent

pas, quand ils se laissent exciter bêtement les uns contre les
autres par quelques mauvais sujets, en est-il cause?

Maintenant, représentez-vous des hommes couchés dans
les blés, sous une pluie battante, comme de véritables bo-
hémiens, grelottant de froid, songeant à massacrer leurs
semblables, et bien heureux d'avoir un navet, une rave ou
n'importe quoi pour soutenir un peu leurs forces : est-ce
que c'est une vie d'hónnêtes gens?

Est-ce que c'est pour cela que Dieu nous a créés et mis
au monde ? Est-ce que ce n'est pas une véritable abomina-
tion de penser qu'un roi, un empereur, au lieu de surveiller les affaires de son pays, d'encourager le commerce, de
répandre l'instruction, la liberté et les bons exemples,
vienne nous réduire par centaines de mille à cet état?... Je
sais bien qu'on appelle cela de la gloire ; mais les peuples
sont bien bêtes de glorifier des gens pareils... Oui, il faut
avoir perdu toute espèce de bon sens, de cœur et de religion.

UNITÉ

FÉNELON

Tout le genre humain n'est qu'une famille dispersée sur la surface de toute la terre. Malheur à ces impies qui cherchent une gloire cruelle dans le sang de leurs frères, qui est leur propre sang! La vraie gloire ne se trouve point hors de l'humanité.

JEAN-JACQUES ROUSSEAU

Le patriotisme et l'humanité sont deux vertus incompatibles dans leur énergie et surtout chez un peuple entier. Cet accord ne s'est jamais vu ; il ne se verra jamais, parce qu'il est contraire à la nature.

Il n'y a plus aujourd'hui de Français, d'Allemands, d'Espagnols, d'Anglais même, quoi qu'on en dise, il n'y a que des Européens. Tous ont les mêmes goûts, les mêmes passions, les mêmes mœurs, parce qu'aucun n'a reçu des formes nationales par une constitution particulière.

TURGOT

La très-ancienne et très-vulgaire politique est appuyée sur ce préjugé, que les nations peuvent avoir des intérêts autres que celui qu'ont les individus d'être libres et de défendre leurs propriétés contre les brigands et les conquérants : intérêt prétendu de faire plus de commerce que les autres ; intérêt prétendu d'avoir un territoire plus vaste, d'acquérir telle ou telle province, telle ou telle île, tel ou tel village ; intérêt d'inspirer la crainte aux autres nations ; intérêt de l'emporter sur elles par la gloire des armes.

Avec le principe sacré de la liberté du commerce, tous les prétendus intérêts du commerce disparaissent. Les prétendus intérêts de posséder plus ou moins de territoire s'évanouissent par ce principe, que le territoire n'appartient point aux nations, mais aux individus ; que la question de savoir si tel canton, tel village doit appartenir à telle province, à tel État, ne doit être décidée que par l'intérêt qu'ont les habitants de tel canton, de tel village, de se rassembler pour leurs affaires dans le lieu où il leur est le plus commode d'aller.

MIRABEAU

Le temps viendra sans doute où nous n'aurons plus que des amis et point d'alliés, où la liberté du commerce sera universelle, où l'Europe ne formera qu'une grande famille.

VOLNEY

Et il s'établira de peuple à peuple un équilibre de force qui les contenant tous dans l'exercice de leurs droits réciproques, fera cesser leurs barbares usages de guerre, et soumettra à des voies civiles le jugement de leurs contestations.

DESTUTT DE TRACY

Les nations sont, à l'égard les unes des autres, dans l'état où seraient des hommes sauvages qui, n'appartenant à aucune nation, et n'ayant entre eux aucun lien social, n'auraient aucun tribunal à évoquer, aucune force publique à réclamer pour en être protégés; il faudrait bien qu'ils se servissent chacun de leur force individuelle pour se conserver.

LIEBIG

Toutes les parties de l'organisme ont un droit naturel à l'emploi le plus libre de leurs forces productives, et par conséquent toutes ont le droit de n'être arrêtées ni entravées par une autre. Le maximum d'effet de la force productrice du travail est en raison inverse des obstacles à surmonter. Aussi la politique barbare qui accable les populations d'impôts injustement et inégalement répartis les expose-t-elle, durant toute leur vie, à la famine, en les forçant à employer une trop grande somme de leurs forces à se maintenir en vie; car alors la nourriture ne rémunère plus le travail nécessaire à la produire. C'est ainsi encore que les États qui entretiennent de grandes armées ruinent infailliblement les populations et n'ont que l'apparence de la force, parce qu'une saignée ininterrompue soutire sans cesse la meilleure portion de leur sang et leur plus noble substance. La puissance de ces États, aveugles et insensés, ressemble à la force que le sauvage puise dans l'ivresse de l'alcool; l'ivresse passée, la force et la puissance s'évanouissent à la fois.

FOURIER

Lorsque la paix perpétuelle et l'unité universelle existeront sur le globe, on n'aura plus besoin de cet héroïsme civilisé qui consiste à piller, violer, ravager, incendier, massacrer. Il faudra substituer à cet héroïsme de destruction celui de production. Dès lors le titre de héros n'appartiendra qu'à ceux qui excelleront dans les sciences et dans les arts.

La conquête est une voie odieuse, mais elle est encore meilleure qu'une prétendue philanthropie qui, n'établissant point de lien unitaire, laisse les peuples dans un état de guerre périodique, où les paix partielles ne sont autre chose que des trêves. Guerre pour guerre, ne vaut-il pas mieux utiliser le fléau que de le perpétuer inutilement ?

HOBHOUSE

A Fontainebleau, lors de la première abdication, Napoléon disait : « J'ai péri, parce que je voulais m'opposer à l'esprit du siècle ; il y en a bien d'autres qui mourront de la même mort. Ce ne sont pas les armées qui m'ont détrôné, ni les souverains alliés, ni les efforts extraordinaires de l'Angleterre, mais les progrès des idées libérales. Si je les eusse adoptées, il y a quatre ou cinq ans, j'aurais consolidé ma puissance à jamais.

THÉNARD

N'est-il pas probable que la rapidité avec laquelle les distances sont franchies établira entre les peuples des relations fréquentes, des liens de confraternité, que resserreront encore les intérêts mieux compris? Et n'est-il pas permis d'espérer que la guerre, qui n'est honorable qu'autant qu'elle a pour objet la défense de la patrie ou de l'honneur national, fera place à la paix, qui devrait toujours régner, du moins entre les nations civilisées?

LABOULAYE

Le jour où les peuples ne se feront plus soigner par ces charlatans ruineux qu'on nomme diplomates et grands politiques, ils vivront en frères, ils auront la paix et la vie à bon marché.

FERDINAND DE LASTEYRIE

La culture des beaux-arts, des sciences et des lettres est en quelque sorte l'élément indispensable de la gloire d'un grand peuple ; je dis sa gloire et non pas sa puissance. Un peuple, en effet, peut être puissant par sa force brutale, à la façon des Vandales et des Huns ; mais il n'est réellement grand que par son intelligence.

INSTRUCTION PUBLIQUE

Il nous a semblé utile de reproduire ici deux documents d'un caractère à peu près officiel et qui confirment toutes nos appréciations dans les rapprochements que nous avons faits entre la France et les États-Unis au sujet de l'organisation de l'instruction publique.

Le premier de ces documents est le fragment d'un discours prononcé au Corps législatif le 1er mars par M. Carnot qui fut, comme on se le rappelle, ministre de l'instruction publique en 1848.

L'autre pièce est un article publié dans le *Moniteur*, sous forme de correspondance datée de New-York, le 30 mars 1867.

Voici en quels termes s'exprimait M. Carnot :

On pourrait juger les gouvernements par l'importance qu'ils attachent à l'éducation du peuple et par le soin qu'ils en prennent.

Sous le régime antérieur à la Révolution, l'enseignement primaire, regardé comme une œuvre de charité, était confié à des congrégations religieuses, qui la négligeaient assez pour s'occuper surtout de l'enseignement classique dans les colléges.

Nos assemblées nationales mirent en première ligne l'éducation du peuple ; elles conçurent des plans magnifiques ; on décréta l'établissement d'une école de chaque sexe par 1,000 habitants, l'instruction obligatoire et gratuite, des salaires élevés pour les instituteurs, une école normale pour former les professeurs. L'Assemblée constituante chargea solennellement son comité de constitution lui-même d'étudier les questions relatives à l'enseignement populaire. Un membre de la Convention, applaudi par ses collègues, proposa de consacrer, chaque décadi, trois séances à l'examen de ces seules questions. On mit à tout cela l'enthousiasme qu'on apportait alors aux grandes choses. Malheureusement les événements qui se pressèrent n'en permirent pas la réalisation. La Révolution a mis en première ligne l'éducation du peuple. L'Empire, au contraire, est rentré dans les voies de l'ancien régime : reconstitution de l'Université et prospérité de l'enseignement classique.

Quant à l'enseignement populaire, il l'abandonna aux localités, non pas, comme vous devez bien le penser, dans un système de décentralisation, mais tout uniment par indifférence.

Il n'y avait en sa faveur aucune contribution de l'État. Ah ! si, pourtant, il y en avait une : le ministre de l'intérieur, sur ses fonds d'encouragement, distribuait chaque année une somme de 4,250 fr., réservée d'ordinaire aux Frères de la doctrine chrétienne, et voilà tout !

Une fois seulement, on s'est occupé de l'enseignement du peuple : c'est pendant les Cent-Jours.

La Restauration se montra plus généreuse que l'Empire,

mais voulez-vous savoir dans quelle proportion? Elle ins-
crivit à son budget, pour l'instruction primaire de la
France, un chiffre de 50,000 francs. Dans les dernières années seulement, on augmenta cette aumône ; en 1830, elle
était arrivée à 300,000 fr.

Le gouvernement fondé à cette époque a trouvé les
choses dans cet état. Après avoir fait faire un inventaire
douloureux et humiliant de l'état des écoles et de l'ignorance du pays, il a fait une loi, une loi bonne, mais très-
incomplète, puisqu'elle oublia tout simplement que la population se compose de deux sexes ; elle n'avait songé
qu'aux garçons.

La seconde république revint aux traditions de sa devan-
cière. Mais cette fois encore le temps manqua, et le peu
qu'elle avait fait fut détruit par la réaction.

Le gouvernement qui lui a succédé choisira-t-il les traditions de la Révolution, ou choisira-t-il celles de l'Empire
et de la Restauration? L'opinion publique le presse ; qu'il
ait confiance dans l'opinion publique ; qu'il répande l'instruction à pleines mains, et le pays entier en ressentira les
bienfaits.

« Un instituteur primaire, disait Paul-Louis Courier,
remplace avantageusement trois gendarmes. »

Et nous lisions, il y a quelques mois, dans les journaux
ce court mais substantiel article : « La session de la cour
d'assises qui devait s'ouvrir à Besançon, le 9 juillet, n'aura
pas lieu, aucune affaire criminelle n'étant inscrite au rôle.»

Les tableaux de la justice criminelle viendront, j'aime à le
croire, confirmer cette bienheureuse nouvelle qui nous a
fait tressaillir de joie.

Rappelez-vous, messieurs, que le département du Doubs

figure le second sur la liste comparative de l'instruction primaire en France ; on y compte presque autant de personnes possédant cette instruction qu'il y a d'habitants dans le pays.

Voilà, messieurs, un fait éloquent ; je ne connais pas un discours de Mirabeau qui le soit davantage ; je ne sais rien qui soit plus propre à convaincre les adversaires de l'instruction du peuple.

Voici maintenant l'article du *Moniteur* :

Les journaux de New-York viennent de publier un résumé du treizième rapport annuel du surintendant de l'instruction publique pour cet État. Ce travail contient les renseignements statistiques suivants :

Le service de l'instruction publique dans l'État de New-York a coûté, en 1866, 6,682,935 dollars, dont moitié environ pour les villes et moitié pour les campagnes. Le budget de l'enseignement n'avait été en 1865 que de 5,735,460. Le nombre des maisons d'école, en 1866, est de 11,547 ; leur valeur totale, y compris les terrains sur lesquels elles sont situées, représente 12,254,957 dollars.

Il y a dans l'État 1,364,675 enfants et jeunes gens de cinq à vingt et un ans. 919,309 élèves ont fréquenté, en 1866, les écoles entretenues aux frais de l'État (*Common Schools*), qui dépendent du département de l'instruction publique; 61,754 ont suivi les cours d'institutions payantes (*Private Schools*). On compte 1,394 établissements de cette catégorie; — 36,465 ont reçu dans les *Académies* une instruction dont le programme répond à peu près à celui de nos colléges industriels; enfin les écoles supérieures (*Colleges*) ont compté 1,541 étudiants.

Les écoles publiques de l'État reçoivent quotidiennement 408,093 enfants et jeunes gens. Le rapporteur regrette que le manque d'espace ne permette pas d'ouvrir les portes des écoles à un plus grand nombre d'élèves à la fois, et il exprime le vœu que la législature d'Albany vote des fonds suffisants pour permettre la création de nouveaux locaux et l'agrandissement des anciens. Ces écoles ont employé, en 1866, 26,494 professeurs, à savoir, 21,432 du sexe féminin, et 4,452 du sexe masculin. Les émoluments des instituteurs et institutrices se sont élevés ensemble, en 1865, à 3,976,093 dollars, et en 1866 à 4,558,890 dollars.

L'établissement pour l'instruction des sourds-muets contenait, au 31 décembre 1865, 235 pensionnaires du sexe masculin et 171 du sexe féminin, soit en tout 406 élèves, c'est-à-dire 28 de plus qu'à la clôture de l'exercice précédent. Cette maison est très-florissante. Les méthodes nouvelles y sont appliquées ; mais les directeurs de l'institution ne croient pas à la possibilité de jamais parvenir à rendre aux sourds-muets l'usage, même incomplet, de la parole.

Il existe un établissement d'éducation pour les aveugles ; mais on ne se charge pas d'y pourvoir à leur entretien, et comme la plupart d'entre eux ne possèdent pas de moyens d'existence, ils retombent à la charge de la charité publique. M. Rices demande que la législature mette fin à cet état de choses en inscrivant l'institution à son budget pour une somme convenable. Il demande aussi qu'une allocation régulière soit accordée à la Société des secours à l'enfance (*Children's Aid Society*), qui s'occupe de rechercher et de faire élever les orphelins et les enfants que la négligence de leurs parents laisse exposés au vagabondage.

12,500 enfants reçoivent annuellement l'assistance de cette Société, qui a dépensé 16,681 dollars en 1865.

Les divers établissements consacrés à l'enseignement secondaire et supérieur n'ont pas donné de moins bons résultats. On espère que la *Cornell University* pourra ouvrir ses cours vers la fin de l'année. Les terrains sur lesquels doit s'élever cette institution proviennent, ainsi que les sommes destinées à la construction et à l'entretien de la maison, d'une donation faite par M. Erza Cornell.

Un autre don, de deux millions cent mille dollars en papier-monnaie, a été fait par le célèbre banquier M. George Peabody, dans le but de fonder des écoles qui seront ouvertes à tous également, sans distinction de race ou de couleur. Il a confié à un comité, qui compte parmi ses membres le général Grant et l'amiral Farragut, le soin d'exécuter ses généreuses intentions. Ceux-ci ont jugé ne pouvoir mieux faire que de consacrer ces fonds à la propagation de l'enseignement primaire, sauf une faible part qui sera utilisée pour la création d'écoles normales où puisse se recruter un corps enseignant instruit et capable. M. Appleton, chef de la plus importante maison de librairie de New-York, vient, du reste, d'informer le comité d'organisation de l'œuvre dont il s'agit qu'il tenait à sa disposition 100,000 exemplaires d'un certain nombre d'ouvrages élémentaires habituellement placés entre les mains des élèves dans les écoles primaires américaines. Il est probable que cet exemple trouvera des imitateurs et que d'autres actes de munificence viendront enrichir encore le *Peabody Educational Fund*.

Voici, d'après une feuille spéciale, le *Yale Courant*, le nombre d'étudiants qui suivent des cours d'instruction su-

périeure dans les principales provinces de la Nouvelle-An-
gleterre :

Le Maine compte. . . . . . . 286 étudiants.
Le New Hampshire. 298
Le Vermont. 219
Le Massachussets 1,616
Le Rhode Island. 190
Le Connecticut. 890

Soit, pour les six États . . . . . 3,508 étudiants.

ÉMIGRATION

En regard des motifs d'impérieuse nécessité qui doivent pousser à l'émigration le trop-plein des populations européennes, nous avons exposé les avantages que trouvent dans le concours de nombreux colons les vastes contrées du continent américain. Nous avons dit que cet intérêt était compris surtout par les habitants si intelligents et si pratiques de la république des États-Unis. Nous aurions pu énumérer les sacrifices faits pour attirer les Européens, et soustraire les nouveaux venus aux exploitations que leur ignorance de la langue et des usages pourrait encourager. Nous aurions pu citer des sociétés, des établissements organisés dans les principales villes pour faciliter aux émigrants leur installation dans leur nouvelle patrie. Les journaux de San-Francisco nous apportent, à la date de février 1867, un document qui résume tout ce que nous aurions pu dire à ce sujet, et que reproduisons comme un témoignage des sentiments qui ont pénétré jusqu'aux extrémités de l'Union, comme une exposition raisonnée des avantages

réciproques que trouvent dans leur fusion les nouveaux
venus et les premiers occupants. C'est un projet d'association qui se fonde pour attirer en Californie et assister à leur
arrivée les émigrants des États de l'est et de l'Europe. Voici
les bases du projet adoptées dans un meeting qui a eu lieu
le 26 février.

1° La population de Californie est estimée à un demi-
million d'habitants; celles de l'Orégon, du territoire de
Washington et de l'État de Nevada réunies, à à peu près
autant. La terre occupée par ce million d'individus est égale
en étendue aux territoires de la France et de l'Allemagne,
sur lesquels une population de cent millions d'habitants
est employée avec profit. Le climat, le sol, les richesses
naturelles de cette vaste étendue valent ceux de la France
et de l'Allemagne, et l'étendue des côtes, de plusieurs degrés
plus grande, offre des facilités particulières pour la construction des navires, la pêche et le commerce. Le sol produit
les plus beaux grains et les plus beaux végétaux du monde,
et renferme, sous la surface, de l'or, de l'argent, du cuivre,
du mercure et du charbon en abondance. Dans le territoire
de Washington, il existe des forêts inépuisables remplies
de bois de construction de toute nature, et des plaines et
des vallées qui n'attendent que la charrue.

2° Le grand besoin de cette vaste contrée, c'est la population — une population industrieuse — pour cultiver le
sol, développer les mines, fonder des manufactures, exploiter les pêcheries, construire des railroads, et convertir
les richesses négligées de la terre et de la mer en entreprises
profitables.

3° Pour attirer ici les peuples éloignés, il faut leur fournir des informations auxquelles ils puissent avoir confiance,

aussi bien lorsqu'ils abandonnent leur première demeure que lorsqu'ils arrivent ici ; il faut que notre sollicitude à leur égard se manifeste quand ils débarquent sur nos wharves. Ceci est en fait l'obligation de tous, mais il n'en est que bien peu qui s'en acquittent.

4° On propose en conséquence d'établir en Californie une agence chargée d'inspirer la confiance aux émigrants et de servir de guide à l'étranger à son arrivée. Cette agence sera assimilée, autant que possible, à l'Immigrant Aid Association de New-York, une association qui, plus qu'aucune autre de même nature, a contribué à attirer dans la ville de New-York des millions d'immigrants qui, riches ou pauvres, ont laissé en passant un bénéfice à la ville, sans parler de l'heureuse influence exercée par l'institution sur tous les États de l'Union.

5° Une institution semblable en Californie conférerait d'incalculables bénéfices à San Francisco et sur les vastes étendues de contrées non peuplées qui l'environnent. Dès lors on propose d'établir une *Immigrant Aid Association of California*, formée d'abord de souscripteurs volontaires, gouvernée par un board de directeurs chargé d'ouvrir un dépôt central et un bureau en cette ville, et administrée par un agent qui entretiendra des correspondances avec des personnes sûres dans toutes les parties de la côte du Pacifique et aussi avec les États de l'est et l'Europe.

6° L'agent se procurera des renseignements certains sur le prix des salaires et la demande d'ouvriers (hommes et femmes) dans toutes les villes de l'intérieur, les mines et la campagne. Il s'informera du prix des terres, de la valeur des titres, des frais de voyage ; enfin il fera en sorte d'obtenir tous les documents pouvant l'aider à présenter tous les trois mois un rapport sur le progrès industriel de l'État, le taux des salaires, le prix de la nourriture, des loyers, des taxes et de toutes les nécessités générales ; ce rapport sera distribué gratuitement dans l'est et en Europe.

7° L'entreprise ci-dessus, qui, si elle est habilement et honnêtement conduite, augmentera sûrement le bien-être de tout individu en Californie, sera soutenue : 1° par des souscriptions particulières, et 2° par subsides obtenus de la législature.

8° Quand la Société fonctionnera parfaitement, elle pourra étendre ses opérations jusqu'à désigner des agents sûrs dans quelques-uns des principaux ports d'émigrants en Europe. Ces agents seraient judicieusement choisis et leurs devoirs soigneusement déterminés. Ils auraient le pouvoir de noliser des navires pour la Californie, d'organiser des compagnies d'émigrants et de surveiller leur embarquement pour ce port. On peut aisément démontrer que de telles opérations rendraient un profit considérable, qu'elles réduiraient à un peu plus de 60 dollars par tête le prix du passage d'Europe en Californie, et qu'il serait possible de former un fonds d'amortissement sur lequel de petites sommes pourraient être prêtées aux émigrants à leur arrivée pour les mettre à même de se rendre sur les terres et de trouver de l'emploi. Ces prêts, remboursables par à-comptes, seraient garantis par des billets signés par les emprunteurs et portant intérêt.

Un des bénéfices les plus importants de cette agence serait de nous procurer des personnes aptes au travail des mines et versées dans le traitement des minerais réfractaires. Ce dernier avantage ne saurait être trop estimé si l'on réfléchit que l'ignorance, dans les premiers jours, a été la source de la ruine de nombreuses exploitations de veines de quartz. Depuis, les découvertes se sont multipliées si rapidement, que nous n'avons plus assez d'hommes compétents, et qu'il existe partout dans le pays des veines d'une richesse sans pareille qui restent improductives. Un autre avantage important de l'entreprise serait de permettre le transport des minerais en Europe à meilleur marché, par le moyen des navires s'en retournant; des mines, aujourd'hui inexploitées à cause du prix élevé du fret, pourraient alors être travaillées avec vigueur. Et enfin, tandis que nous procurerons d'inestimables avantages aux gens que nous aiderons à se rendre ici, nous nous enrichirons par notre sagesse et notre prévoyance.

De nombreux discours ont été prononcés; les extraits suivants peuvent donner une idée des sentiments dont l'assemblée était animée :

M. T. M. prend la parole. Il commence par faire allusion à ce besoin qu'éprouve tout immigrant en arrivant sur la terre étrangère de trouver un ami pour l'y recevoir. Ce sentiment, je l'ai éprouvé, dit-il, et ceux qui sont ici l'ont éprouvé comme moi. Que voulons-nous? C'est offrir un ami, un ami sûr et honnête à l'étranger, un ami qui s'en ira avec lui pour l'aider à acheter une ferme ou à trouver de l'emploi, ou encore qui lui avancera quelques dollars jusqu'à ce qu'il trouve de l'ouvrage. C'est une œuvre de philanthropie qui mérite l'appui de tout le monde. On peut se demander : Mais que fera cet ami pour l'étranger? Il lui dira la vérité; il le mettra en garde contre les escrocs; il l'aidera à se faire un *chez soi*, à trouver une *terre* et à pourvoir au comfort de ceux qu'il aime. Maintenant de vastes étendues de terrain, des mines nombreuses restent improductives faute de bras. Qu'est un million d'habitants pour un pays comme celui-ci? Un million ! il est perdu dans l'étendue du pays.

Un autre membre, M. A. B. P., croit que l'État peut recevoir une immense population, et qu'il y reste encore des mines capables de payer 2 dollars par jour à cinq cent mille hommes pendant des années. Il a fait le calcul qu'il faudra vingt-deux ans, à la manière dont la population s'augmente actuellement, pour qu'il y ait en Californie un habitant par mille carré.

Un comité a été immédiatement formé, et comme, dans ce pays, l'action suit de près la parole, il est probable que maintenant le Société est fondée est s'est déjà mise à l'œuvre.

FIN

T A B L E

Imprimerie L. Toinon et C°, à Saint-Germain.